Louis Schützenhöfer

In aller Liebe

Wie Mütter ihre Kinder unglücklich machen

UEBERREUTER

ISBN 3-8000-7037-5

Covergestaltung: verlagsbüro wien / Kurt Hamtil
Coverfoto: Cameron/Corbis

Druck: Ueberreuter Print
3 5 7 6 4

Ueberreuter im Internet: www.ueberreuter.at

Inhalt

Vorwort

»Du hast mir noch gefehlt! Du bist mein ganzes Unglück, Dich soll der Teufel holen! Du hast mein Leben zerstört! Du bist an allem schuld! Du bist so ein Nichtsnutz wie Dein Vater!«

aus Thomas Bernhard, »Ein Kind«

Assoziiert man frei zu dem Begriff Mutter – fällt einem vieles dazu ein. Vor allem das, was wir uns von einer Mutter wünschen: als Kind, das eine Mutter hat, erleidet, erduldet, hasst und liebt, noch in der Gegenwart oder schon in der Vergangenheit; als Partner bzw. Ehemann, der seinen Kindern einen Großteil der Aufmerksamkeit abtreten muss, wenn Kinder einmal da sind, gewünscht oder »passiert«. Auch die Gesellschaft wünscht sich viel von einer Mutter, fordert vielmehr, dass der Gedanke ums Kind bei ihr im Mittelpunkt stehen soll und nicht egoistische, selbstbezogene Motive wie Berufstätigkeit, Erfolg, eigene Identität als Person, unabhängig von Kind und Mann und mit eigenen Wünschen ans Leben.
Alles dies erlebt eine Mutter als Ansprüche, die sie zu erfüllen hat, denen sie sich – schließlich wurde sie in diese Forderungen hineinsozialisiert – verpflichtet fühlt und denen sie sich nur schwer entziehen kann. Sie versucht es manchmal mit Kunstgriffen, Verleugnung ihrer eigenen Bedürfnisse oder der ihrer Kinder, Umdeutungen, Machtdemonstrationen und Pflege des »Muttermythos«, um ihrer Existenz Sinn zu geben und eigenes Leid zu lindern oder zu vermeiden.
Mein erster Gedanke, als mein langjähriger Kollege Louis Schützenhöfer mir von seinem Projekt erzählte, war: »Nicht schon wieder ein Buch, das den Müttern die Schuld zuweist« – ich bin es leid als Psychologin, die kritische psychologische Geschlechterforschung betreibt und auch lehrt, als emanzipierte Frau im Berufsleben, die für andere Frauen auf der Universität um Gleichbehandlung kämpft, und als Mutter von zwei Kindern, welche die Ablösung ihrer Kinder sehr bewusst erlebt hat, war ich doch zu dieser Zeit in psychotherapeutischer Ausbildung und erlebte stellvertretend viele Ablösungen von Töchtern und Söhnen in meinen Ausbildungsgruppen mit, die mich auf die Realität vorbereiteten.
Das Buch von Louis Schützenhöfer überraschte mich. Mit viel Ein-

fühlungsvermögen und Sachverstand führte er Tiefeninterviews durch, fand aussagekräftige Muster von Mutter-Kind-Beziehungsformen, die er einprägsam darstellt. Kernpunkte sind die Zitate der Frauen und Männer, die ihm über die »Male« berichteten, die ihnen von der Mutter aufgedrückt wurden und die sie tragen wie unsichtbare oder sichtbare Kennzeichnungen. Der Autor führt die Lesenden durch das Buch, er bettet die Interviews in empirisch und theoretisch fundierte Betrachtungen ein, ohne jemals belehrend, zu theoretisch oder unverständlich zu werden. Er ermöglicht ein Verstehen, Nachfühlen und sich Identifizieren mit der interviewten Person und damit auch ein Erkennen und Wiedererkennen der eigenen Situation und eine Herstellung von Nähe und/oder Distanz zwischen der erzählenden Person und dem Kind, das immer noch in der Leserin und dem Leser wohnt.

Der Autor legt ganz klar den Schwerpunkt auf das Erleben der inzwischen erwachsenen Kinder, die noch Situationen erinnern, in denen sie von der Mutter gedemütigt, dominiert, kontrolliert, abgelehnt und zur Durchsetzung von Mutter-Interessen missbraucht wurden. Sie haben noch die »Einschärfungen« und »Gegeneinschärfungen« der Mutter im Ohr und unabhängig davon, wo die Mutter nun weilt, sie sitzt noch bei vielen Gelegenheiten im Nacken, im Rücken, mit am Tisch und im Bett.

Aber sein Buch endet nicht dort und das macht es besonders lesenswert. Louis Schützenhöfer vermittelt den Kontext der Partnerschaft, in dem diese Mutter-Kind-Beziehungen gedeihen, die abwesenden, uninteressierten und schwachen Väter, denen es nicht gelingt, im »Spiel« der problematischen Mutter-Kind-Beziehung in der Erinnerung der Söhne und Töchter ein Gegengewicht zur Mutter zu bilden. Und er bietet Lösungsmöglichkeiten aus den Fallen und Teufelskreisen. Erste Ansätze des Erkennens der Mechanismen und Änderungen der Strategien des Umganges und damit der Durchkreuzung der Pläne der Mutter wären ein Zugang zur Ablösung. Nicht immer gelingt das, denn auch die Mutter kämpft mit allen Kräften um ihre Bedeutung für das Kind. Sich selbst lieben lernen und anzunehmen ist ein weiterer Lösungszugang, erst dann ist es vielleicht auch möglich, sich aus der Abhängigkeit und Gegenabhängigkeit von der Mutter zu lösen und sich dem eigenen Leben zu widmen. Dieses Buch kann ein Schritt in diese Richtung sein.

*Roswith Roth**

* Die Verfasserin des Vorwortes ist Professorin für Gesundheitspsychologie und Geschlechterforschung an der Karl-Franzens-Universität in Graz und Vorsitzende des Arbeitskreises für Gleichbehandlungsfragen.

Ich freue mich, dass Sie mein Buch in die Hand genommen haben, aber ich möchte nicht, dass Sie es mit falschen Erwartungen lesen. Daher ein paar Hinweise:

Lesen Sie dieses Buch nicht,

wenn Sie eine glückliche und zufrieden stellende Mutterbeziehung haben, es sei denn, Sie haben Interesse an dem Thema,
wenn Sie Ihre schlechte Mutterbeziehung in Ruhe verdrängen wollen,
wenn Sie wissen, dass Ihre schlechte Mutterbeziehung Ihre eigene Schuld ist, und Sie darunter leiden wollen,
wenn Sie davon überzeugt sind, dass eine Mutter nichts falsch machen kann.

Lesen Sie dieses Buch,

wenn Sie die Beziehung zu Ihrer Mutter klären wollen, um zu erkennen, wer Sie wirklich sind,
wenn Sie Ihre Mutterbeziehung aufarbeiten wollen, um freier zu werden in der Partnerschaft und im Umgang mit Kindern,
wenn Sie Ihre Aggressionen, Ihre Ohnmachtsgefühle oder Ihre Schuldgefühle auflösen wollen,
wenn Sie Ihre Mutter besser verstehen wollen,
wenn Sie sich selbst liebevoller annehmen wollen.

Louis Schützenhöfer

Ich bin an Ihrer Meinung interessiert:
louis.schuetzenhoefer@nusurf.at

Einleitung

Drei Anliegen

»Wie kommst du auf die Idee, ausgerechnet ein Buch über Mütter zu schreiben?« Das war die häufigste Reaktion meiner Freunde und Bekannten, wenn ich ihnen von meinen Plänen erzählte. Ich bin zwar Psychologe, habe mich aber ein Berufsleben lang mit anderen Bereichen des menschlichen Verhaltens beschäftigt. Ich bin auch keine Mutter, um für dieses Thema kompetent zu sein, nicht einmal Vater. Mein einziger unmittelbarer Zugang ist der, dass ich Sohn bin. Die eigene Mutterbeziehung ist sicherlich ein Grund für mein Interesse an diesem Thema, aber mein bewusster Auslöser für das Schreiben dieses Buches ist ein anderer: Es ist meine Erfahrung, dass sehr viele Menschen eine problematische Mutterbeziehung haben, die sie ein Leben lang nicht loslässt. Und im Gegensatz dazu, gewissermaßen als Kontrastprogramm, besteht in der Öffentlichkeit nach wie vor ein Muttermythos, der an Heiligenverehrung erinnert.
Mein erstes Anliegen ist es daher, an diesem Mythos[1] zu rütteln, denn er stellt eine gewaltige Hürde für die betroffenen Töchter und Söhne dar, sich sachlich und ohne Angst und Schuldgefühle mit der eigenen Mutterbeziehung auseinander zu setzen. Denn Kritik zu üben an der Mutter, sich selber einzugestehen, dass sie diesem hehren Bild nicht entspricht, ist so etwas wie Sünde. Und es tut weh, denn jedes Kind möchte eine Mutter, die es lieben kann.

Susanne, die als Tochter einer »lieblosen Mutter« noch zu Wort kommen wird, bringt diese Sehnsucht zum Ausdruck:

»Ich wollte ja auch eine Mutter haben, die ich lieben kann. Ich wollte sie ja immer lieben, und ich möchte sie, nachdem sie jetzt nicht mehr lebt, in einer liebevollen Erinnerung haben.«

---

[1] Mythos im Sinne einer verklärenden, glorifizierenden Darstellung.

Die Konfrontation der betroffenen Kinder mit dem Muttermythos führt zunächst zu einer Verzerrung oder Verleugnung der Wahrnehmung, denn: Es kann nicht sein, was diesem Mythos widerspricht. Und in weiterer Folge entstehen Schuldgefühle, denn wenn alle Mütter gut sind und ich Probleme mit meiner habe, so kann es ja nur an mir liegen. Ich bin ein schlechtes Kind. Ich muss mich noch mehr anstrengen, damit meine Mutter mich liebt.

Mein zweites Anliegen ist es, den Betroffenen zu sagen, dass sie mit ihren Problemen keine Außenseiter sind und dass es mehr Leidensgenossinnen und -genossen gibt, als sie bisher angenommen haben. Ich schätze den Anteil der Kinder mit einer problematischen Mutterbeziehung auf 40 bis 60 Prozent. Dennoch finden solche Menschen in der Regel keine Gesprächspartner, denen sie ihr Herz ausschütten könnten. Die Kinder mit einer befriedigenden Mutterbeziehung würden sie nicht verstehen und die vermeintliche Außenseiterposition der Betroffenen noch verstärken. Und die mit ähnlichen Problemen würden wegen der Angst, sich zu »versündigen« und Schuld auf sich zu laden, lieber weiter schweigen.

So nehmen viele dieser Kinder erst sehr spät bewusst wahr, dass ihre Mutter »anders« ist. Und dies auch erst dann, wenn sie positive Beispiele kennen lernen. Fehlt der Vergleich mit anderen Müttern, so ist eben die eigene der nicht hinterfragte Maßstab. Es war für mich immer wieder erstaunlich, wie lange es dauert, bis den Kindern die Augen aufgehen, selbst wenn das Verhalten der Mutter mehr als auffällig ist. Petra, die wir im Kapitel über »lieblose Mütter« noch kennen lernen werden, erinnert sich zum Beispiel:

»Als kleines Kind habe ich es nicht so gesehen. Mit 16, 17 Jahren habe ich erst erkannt, wie streng sie im Vergleich zu anderen Müttern ist.«

Und es dauerte dann noch einmal sehr lange, bis sie die »Sprachlosigkeit« überwinden und mit ihrer Mutter darüber reden konnte:

»An meinem 37. Geburtstag war es, dass ich mit meiner Mutter zum ersten Mal geredet habe. Da ist viel aufs Tableau gekommen. Da habe ich einfach einmal gefragt: ›Mama, hast du mich einmal gefragt, wie es mir geht?‹«

»Meine Mutter liebt mich nicht so, wie ich bin«, »Meine Mutter liebt mich überhaupt nicht« – bis solche Wahrheiten erkannt und akzeptiert werden können, vergeht meist ein halbes Menschenleben. Wenn es reicht. Bei Helga, die uns ebenfalls als Tochter einer »lieblosen Mutter« einiges zu erzählen hat und die selbst Psychologin und Psychotherapeutin ist, dauerte es bis zum 47. Lebensjahr, dass sie befreit sagen konnte:

»Ich habe dann erst für mich selber den Mut gehabt, es so zu benennen, dass meine Mutter andere sehr wohl lieben konnte, aber mich nicht geliebt hat.«

Aber zu dieser Zeit sind die Male, die diese Kinder von ihren Müttern erhalten haben, die »Muttermale«, schon längst weitergegeben an die nächste Generation. Denn das stellte sich in meinen Interviews klar heraus und entspricht auch den Ergebnissen der Beziehungsforschung: Schäden in der Mutter-Kind-Beziehung wirken sich äußerst ungünstig auf den eigenen Erziehungsstil und den Bindungsstil aus. Und so reproduzieren sich problematische Mutter-Kind-Beziehungen immer weiter. Es sei denn, die Tochter oder der Sohn unterbricht diese unheilvolle Kette und arbeitet die bitteren Erfahrungen auf.
Um keine Missverständnisse aufkommen zu lassen: Das Buch ist *nicht gegen* Mütter geschrieben, *sondern für* Töchter und Söhne. Sie sollen einen Anstoß bekommen, ihre problematische Mutterbeziehung zu hinterfragen und aufzuarbeiten. Wenn Sie zu den Glücklichen gehören, die eine besonders befriedigende oder auch nur eine »normale« Mutterbeziehung haben, seien Sie zufrieden und legen Sie das Buch wieder zur Seite. Es ist nicht für Sie geschrieben.
Den anderen aber – und das ist mein drittes Anliegen – möchte ich Mut machen, die gestörte Mutterbeziehung aufzuarbeiten und dafür, wenn es nötig sein sollte, auch den Weg zum Therapeuten/zur Therapeutin nicht zu scheuen. Einige Hinweise für eine Aufarbeitung finden Sie am Ende des Buches. Besonders hilfreich wäre es, und das möchte ich an dieser Stelle anregen, wenn sich Selbsthilfegruppen bilden würden. In diesen könnten die Betroffenen über die Therapie hinaus Möglichkeiten für das Gespräch und den Erfahrungsaustausch finden.

Muttertypen

Subjektiv mögen die meisten Töchter und Söhne den Eindruck haben: »Meine Mutter ist einzig und unvergleichlich«, egal, ob es sich um eine befriedigende oder eine problematische Beziehung handelt. In der

Realität ist es dann doch etwas anders. Da lassen sich Häufungen von Eigenschaften und Verhaltensweisen bei Müttern und Kindern und Zusammenhänge zwischen ihnen feststellen. Letztlich konnte ich aufgrund der Interviews, die ich mit Töchtern und Söhnen führte, eine begrenzte Anzahl von »Muttertypen« herausfiltern, die sich recht gut voneinander abgrenzen lassen.
Genau genommen handelt es sich dabei nicht um Muttertypen, sondern um Typen von Mutter-Kind-Beziehungen. Ein und dieselbe Mutter kann sich ihren Kindern gegenüber durchaus unterschiedlich verhalten und unterschiedliche Beziehungen herstellen. Es kommt eben auch auf die Eigenart des Kindes und die Familienkonstellation an. Wenn also im Folgenden der Einfachheit halber von Muttertypen die Rede ist, so sind damit immer Typen von Mutter-Kind-Beziehungen gemeint.

Was ist eigentlich ein Typ? In der Psychologie und in den angrenzenden Wissenschaften hat die Suche nach Typen eine lange Tradition. Sie kennen vermutlich die Temperamentstypen, die auf Hippokrates zurückgehen, den »Sanguiniker«, den »Melancholiker«, den »Choleriker« und den »Phlegmatiker«.
Eine weitere Typologie stammt von Ernst Kretschmer; sie definiert Körperbautypen und ihre Zusammenhänge mit psychischen Eigenschaften bzw. Krankheiten. Der Vorteil der Kretschmer-Typologie besteht darin: Ich brauche den Körperbau eines Menschen nicht im Detail zu beschreiben, es genügt, ihn einem Typ zuzuordnen. Wenn sich z. B. in einem Partnerinserat jemand als »typischer Pykniker« bezeichnet, so weiß man gleich (sofern man die Kretschmerschen Typen kennt), dass es sich um einen Mann mit eher rundlichen Formen und einer Neigung zum Fettansatz handelt und dass man einen aufgeschlossenen und geselligen Menschen erwarten kann, dessen Stimmungslage von Heiterkeit bis Traurigkeit variiert.
Doch zurück zu unserem Thema: Ich fand in den Interviews vier Typen von Müttern und deren problematischen Beziehungen zu ihren Kindern. Es sind dies

- die Machtmutter,
- die Opfermutter,
- die narzisstische Mutter und
- die lieblose Mutter.

Mit diesen vier Typen sollen möglichst alle Arten von problematischen

Mutter-Kind-Beziehungen erfasst sein und im Idealfall treten diese Typen in reiner Form auf, sodass jede der Beziehungen ohne Schwierigkeiten einem dieser Typen zugeordnet werden kann. Aber so einfach spielt es das Leben leider nicht. Wie in allen Typologien treten auch bei den Muttertypen häufig Mischformen auf, bei denen eine klare Zuordnung erschwert oder unmöglich ist.

Ein Muttertyp bzw. ein Typ von Mutter-Kind-Beziehung ist definiert durch charakteristische Verhaltensweisen der Mütter und der Kinder und die Wechselwirkungen zwischen ihnen. Neben den Formen problematischer Mutter-Kind-Beziehungen gibt es selbstverständlich völlig unauffällige und besonders befriedigende, doch die sind nicht Thema dieses Buches.

Was ist eigentlich eine »problematische« Mutter-Kind-Beziehung? Man könnte etwa sagen, dass eine solche dann vorliegt, wenn die für den jeweiligen Muttertyp charakteristischen Verhaltensweisen besonders gehäuft oder in besonderer Ausprägung auftreten. Das ist aber nur die eine Seite. So richtig problematisch wird es erst dann, wenn das Kind »mitspielt«. Aber hat es überhaupt eine andere Chance, als mitzuspielen, da es doch in den ersten Lebensjahren weitgehend auf die Mutter angewiesen ist und von ihr geprägt wird? Überraschenderweise ja. Ich fand durchaus Fälle, in denen sich das Kind dem »Spiel« entziehen konnte, obwohl seitens der Mutter die »Einladung« dazu bestand. Am ehesten ist dies möglich, wenn sich das Kind aufgrund seiner Eigenart für die vorgesehene Rolle nicht eignet. Die Mutter kann sich das Kind, zum Unterschied vom Partner nicht aussuchen. Und obwohl sie alle Möglichkeiten der Beeinflussung hat, ist das Kind doch nicht beliebig formbar. Es ist kein unbeschriebenes Blatt, das die Eltern als Wunschzettel für ihre eigenen Vorstellungen, Wünsche und Bedürfnisse benützen können. Aber es ist für das Kind in der Regel sehr schwer, sich den Anforderungen der Mutter zu entziehen. Etwas leichter ist es dann, wenn ein anderes Kind diese Rolle bereits übernommen hat.

Tiefeninterviews als empirische Basis

Die Basis für die Definition und Darstellung der Typen von Mutter-Kind-Beziehungen bilden 50 Tiefeninterviews, die ich mit Töchtern und Söhnen geführt habe. Die Interviews wurden schriftlich protokolliert oder auf Tonband aufgezeichnet und später transkribiert. Ein Interview dauerte ein bis vier Stunden, wobei manche in mehreren Sitzungen

durchgeführt wurden. Die Stichprobe kann selbstverständlich keinerlei Anspruch auf Repräsentativität erheben, da sie zahlenmäßig zu klein ist und keine Zufallsauswahl darstellt. Ich achtete lediglich darauf, eine gute altersmäßige Streuung zu erreichen, um nicht zu einseitige zeitgeistige Einflüsse zu erhalten.
Das Durchschnittsalter der Interviewten beträgt 43 Jahre, die jüngste Interviewpartnerin war 18, die älteste 84 Jahre alt. Die ersten Interviews führte ich im eigenen Bekanntenkreis durch, und ich wurde dann an weitere GesprächspartnerInnen »weitergereicht«.
Damit gerät man natürlich meist an Personen mit einer problematischen Mutterbeziehung, um die es mir ja in erster Linie ging. Es war mir aber auch wichtig, ein Gefühl für die Unterschiede zwischen unauffällig verlaufenden und problematischen Fällen zu bekommen und ich achtete daher darauf, Personen mit »normaler« Mutterbeziehung in ausreichender Zahl zu befragen.
Natürlich wäre es wünschenswert, eine repräsentative Untersuchung mit einer genügend großen Anzahl von Interviews zu haben, um damit auch statistisch gesicherte Aussagen machen zu können. Dies ist aus dem Grund kaum möglich, da es sich bei den Tiefeninterviews um eine sehr aufwändige Methode handelt. Die Interviews dauern sehr lange und es muss zuvor eine Vertrauenssituation hergestellt werden, damit dieses emotionale Thema überhaupt besprochen werden kann. Darüber hinaus muss man in mehr als 10 Prozent der Fälle Absagen hinnehmen, wenn Interviewpartnerinnen oder -partner, aus welchen Gründen auch immer, nicht bereit sind, über ihre Mutterbeziehung zu sprechen. Es lässt sich denken, dass dies vornehmlich dann zutrifft, wenn eine sehr problematische und belastende Beziehung vorliegt. Charakteristisch war die Aussage einer potentiellen Interviewpartnerin, die bereits zugesagt hatte, dann aber ungefähr mit den Worten absagte: »Jetzt habe ich endlich mühsam meinen Frieden mit der Mutter hergestellt. Ich möchte ihn nicht gefährden.« Andere waren für das Gespräch durchaus dankbar, da es zur Klärung der Beziehung beitragen konnte oder sogar so etwas wie therapeutischen Charakter für sie hatte.

Richard, Sohn einer »Machtmutter«, der sich nach eigenen Angaben vor dem Interview mit seiner Mutterbeziehung noch nicht auseinander gesetzt hatte, drückt sein Gefühl nach dem Gespräch so aus:

»Es ist alles so, wie ich es gesagt habe, aber ich fühle mich nicht wohl dabei, dass ich schlecht über sie gesprochen habe. Ich habe fast ein

Schuldgefühl und einen bitteren Nachgeschmack. Ich fühle mich jetzt unbehaglich und kann es nicht genau beschreiben. Es ist kein Triumphgefühl. Sie tut mir Leid.«

Die Gespräche gehen in der Regel sehr tief und müssen das wohl auch. Mit einer der üblichen Haushalts-, Straßen- oder gar Telefonumfragen könnte man an dieses sensible Thema nicht herangehen. Oder wie würden Sie reagieren, wenn jemand auf der Straße auf Sie zukäme und Sie mit einem Fragebogen in der Hand überfallen würde: »Beschreiben Sie die Beziehung zu Ihrer Mutter.« Man kann nicht erwarten, dass sich in einer solchen Situation jemand öffnen und wahrheitsgemäß antworten würde. Außerdem werden manche Erlebnisse erst im Laufe eines langen Gespräches ins Bewusstsein gehoben.
Um die Muttertypen und die Beziehungen zwischen Mutter und Kind nicht nur zu beschreiben, sondern auch lebendig werden zu lassen, kommen die betroffenen Töchter und Söhne selbst zu Wort. Es wurden dafür solche Personen ausgewählt, deren Mutterbeziehung möglichst klar einem Typ zugeordnet werden kann. Die Zitate, die für mich das Herzstück dieses Buches darstellen, sind wörtlich aus den Interviews übernommen und wurden nur an einigen Stellen zur besseren Lesbarkeit geringfügig verändert. Sie sprechen meist für sich und bedürfen kaum der Interpretation. Es mag manchmal schwierig sein, die Aussagen den Personen, die sie gemacht haben, zuzuordnen, da die Zitate nicht in einem Stück ablaufen, sondern nach Themen zusammengefasst sind. Es war aber meine Absicht, Zusammenhänge darzustellen, und nicht, Lebensgeschichten zu erzählen.
Die Interviewpartnerinnen und -partner, die in diesem Buch zitiert werden, stellen keineswegs Extremfälle dar. Ich stieß bei den Recherchen auf Schicksale von Kindern, deren Mütter sich auf eine nur schwer nachvollziehbare Art verhielten, Fälle, in denen es zum Beispiel zu sexuellem Missbrauch innerhalb der Familie mit Duldung der Mutter gekommen war. Ich habe diese Interviews nicht berücksichtigt, denn es geht mir nicht darum, sensationelle Einzelschicksale darzustellen, sondern zu zeigen, dass die Tragödien problematischer Mutter-Kind-Beziehungen gerade in ihrer Alltäglichkeit bestehen. Es sind das auch durchwegs Menschen, die ihr Leben im beruflichen und im privaten Bereich meistern. Die Male, die sie tragen, sind nicht gleich sichtbar. Sie können sicher sein, dass sich Menschen mit solchen oder ähnlichen Schicksalen, wie ich sie beschrieben habe, in Ihrer unmittelbaren Umgebung befinden. Vielleicht haben Sie mit ihnen darüber gesprochen,

vielleicht auch nicht. Vielleicht erkennen Sie sich selbst in einem der Kinder oder in einer der geschilderten Mütter wieder.
Ich stelle kein Panoptikum vor, sondern alltägliche Lebensgeschichten und Situationen. Ich habe lediglich genauer hingehört und Zusammenhänge herausgefiltert.
Die Vornamen der zitierten Töchter und Söhne wurden zum Teil auf deren Wunsch geändert, um die Anonymität zu wahren. Dabei befanden sich die meisten Betroffenen in einem Dilemma: Einerseits spürten sie den Wunsch, auch mit ihrem Namen zur eigenen Geschichte zu stehen, andererseits war da das berechtigte Bedürfnis nach Selbstschutz.
Die Altersangaben beziehen sich auf den Zeitpunkt des jeweiligen Interviews.

Der Muttermythos

Zur Geschichte des Muttermythos

Der Mythos der Mutter, so mächtig und unveränderbar er uns auch erscheinen mag, ist weder gottgewollt noch naturhaft gegeben. Er ist vielmehr das Ergebnis wirtschaftlicher Bedingungen und gesellschaftlicher Prozesse. Das konnte Elisabeth Badinter (1984), die das »Muttergefühl« vom 17. Jahrhundert bis in die jüngere Gegenwart untersuchte, eindrucksvoll nachweisen.[2] Der Muttermythos, wie wir ihn heute kennen, entstand erst im 19. Jahrhundert. Während man vorher Mutterschaft eher nüchtern betrachtete, entwickelte sich nun das Bild der »guten Mutter«, die selbstlos liebend sich für die Kinder aufopfert. Es galt als das höchste Ziel jeder Frau, Mutter zu werden. Das erfüllte sie voll und ganz. Es war unvorstellbar, dass sie Mutter und gleichzeitig etwas anderes ist. Eine zusätzliche Verklärung erhielt dieses Bild dadurch, dass die Mutter mit der Jungfrau Maria assoziiert wurde. *»Die Mutter wird jetzt mit einer Heiligen verglichen, und es kommt die Denkgewohnheit auf, dass eine gute Mutter nur eine ›heilige Frau‹ sein könne. Die naturgegebene Schutzpatronin dieser neuen Mutter ist die Jungfrau Maria, deren ganzes Leben von ihrer Hingabe für das Kind zeugt.«* (Badinter, S. 178)

Die Kunst stellte sich ebenfalls in den Dienst dieser Mutterverehrung und wir verdanken dieser Epoche rührende biedermeierliche Mutterdarstellungen und Gedichte, die noch heute so manchen Muttertag »verschönern«.

Im letzten Jahrhundert machte der Muttermythos eine interessante Entwicklung durch. Den Auftakt bildete Sigmund Freud, der die Bedeutung der Mütter weiter steigerte, indem er ihre Wichtigkeit für die frühkindliche Entwicklung hervorhob. Die Kehrseite dieser Aufwertung war aber, dass die Mutter zum Sündenbock für alle Fehlentwicklungen

[2] Es wäre auch denkbar, dass der Mythos von der geheimnisvollen Entstehung des Lebens im Mutterleib herrührt. Dann hätte aber der Mythos über die Zeiten hinweg gleich bleiben müssen, denn dieses Mysterium hat sich nicht geändert.

des Kindes gestempelt wurde. Da er ferner annahm, dass den Frauen das richtige Verhalten als Mütter instinkthaft gegeben sei, musste er alle diejenigen, die dieser Rolle nicht gerecht wurden, als krank und abnorm bezeichnen. Nach Donald W. Winnicott, einem Kinderpsychologen in der Tradition Freuds, ergibt sich richtiges Bemuttern einfach dadurch, dass man Mutter ist. Die schlechte Mutter ist also nicht moralisch verwerflich, sondern krank. Dazu bemerkt Badinter: »*Die Psychoanalyse hat also nicht nur die der Mutter zugeschriebene Bedeutung gesteigert, sie hat auch das Problem der schlechten Mutter zu einem medizinischen gemacht, ohne dass es ihr gelungen wäre, die moralischen Auffassungen des vorigen Jahrhunderts zunichte zu machen.*« (S. 282)

Außerdem zementierte Freud die Frauen in der Rolle der Mütter ein, indem er postulierte, dass sie aufgrund ihrer Eigenschaften (ihrer Leidensfähigkeit und ihrer Passivität) dazu ausersehen seien. Winnicott richtete an die Mütter die aufmunternde und nicht etwa ironisch gemeinte Botschaft: »*Freuen Sie sich darüber, dass Sie ernst genommen werden. Lassen Sie andere sich um die Welt sorgen, während Sie damit beschäftigt sind, ihr einen neuen Bürger zu schenken.*« (Zit. nach Badinter, S. 251)

Unter dem Strich bleibt, dass die Mütter eine weitere Aufwertung erfuhren und gleichzeitig der Druck auf sie gesteigert wurde. Die Väter hingegen wurden entlastet. Es wurde ihnen von kompetenter Stelle attestiert, dass sie für diesen Job weniger bis gar nicht geeignet seien.

Im Nationalsozialismus war der Muttermythos ein wichtiges strategisches Instrument. Die Aufwertung der Mütter ergab sich allein dadurch, dass das Regime an Nachwuchs, insbesondere an männlichem, interessiert war. Bei der Mütterlichkeit nationalsozialistischer Prägung ging es mehr um Quantität als um Qualität: Je mehr Kinder, desto besser. Zur Motivation führte man das Mutterkreuz ein. Frauen mit mehr als vier Kindern erhielten ein solches aus Bronze, bei mehr als sechs Kindern gab es das Silberne und bei mehr als acht Kindern das Goldene Mutterkreuz.

Der nächste größere Eingriff erfolgte durch Simone de Beauvoir, die große Theoretikerin des Feminismus. Ihr Anliegen war es, den Muttermythos zu zerschlagen, um die Frau zu befreien. Sie sah in der Körperlichkeit der Frau, in ihrer Eigenschaft, Kinder gebären zu können, den Grund für ihre Zweitrangigkeit. Dadurch müsse sie sich mit häuslichen und alltäglichen Dingen beschäftigen und könne nicht am öffentlichen Leben teilnehmen.

Der Befund ist zweifellos richtig. Dennoch wollten ihrer radikalen Forderung nach künstlicher Befruchtung, um damit Sexualität und Fortpflanzung zu trennen, nicht einmal die Feministinnen mehrheitlich folgen. Mit den heutigen Reproduktionstechnologien könnte man dieser Forderung ohne weiteres nachkommen und sogar Zeugung und Reifung des Fötus außerhalb des Mutterleibes bewerkstelligen. Aber wer will das schon?

Die Feministinnen folgten dem Schritt von Simone de Beauvoir, die Eigenart der Frau abzulehnen, aus einem sehr einleuchtenden Grund nicht: Er würde dem Männlichen erst recht zum absoluten Sieg über das Weibliche verhelfen. Von Frauenrechtlerinnen wird seit den achtziger Jahren immer stärker betont, dass Frau sein eben nicht nur Mütterlichkeit, sondern einen besonderen Zugang zum Leben bedeute und Frauen somit für soziale Aufgaben nicht nur im privaten, sondern auch im gesellschaftlichen und politischen Leben prädestiniert seien. Die Frau habe keinen Grund für Minderwertigkeitsgefühle, sondern könne vielmehr stolz auf ihre Besonderheit sein, die sich zwar auf mütterliche Eigenschaften gründet, aber nicht auf Mutterschaft beschränkt. Eine Frau ist eben auch dann eine Frau, wenn sie kein Kind geboren hat.

Diese Betonung der Eigenart der Frau löst den lange vertretenen Standpunkt ab, dass Männlein und Weiblein von Natur aus gleich seien und das unterschiedliche Geschlechterverhalten **nur** darauf zurückzuführen sei, dass Buben und Mädchen unterschiedliche soziale Rollen lernen. Forschungsergebnisse der letzten Jahrzehnte belegen, dass es den gar nicht so kleinen Unterschied zwischen Frauen und Männern eben doch gibt und dass er schon in die Wiege gelegt ist. Bereits im Kleinkindalter zeigen Buben und Mädchen unterschiedliche Verhaltensweisen: Buben lösen Konflikte aggressiver, Mädchen stecken eher zurück und verhalten sich ängstlicher und abhängiger. Diese Verhaltensunterschiede erwiesen sich bei wissenschaftlichen Untersuchungen in alternativen Kindergärten in Deutschland (den sog. Kinderläden), in denen besonderer Wert auf geschlechtsneutrale Erziehung gelegt wurde, sogar als noch ausgeprägter als in traditionellen Einrichtungen. (Vgl. Bischof-Köhler, 2002, S. 12 ff)

Der Muttermythos heute

Und wie steht es heute mit dem Muttermythos? Einige Autorinnen sehen die Position der Mutter bereits angegriffen und den Mythos abbröckeln. Ich kann mich dieser Einschätzung nicht anschließen. Ich finde es vielmehr erstaunlich, dass sich in der heutigen Zeit, in der Mythen durchleuchtet und Tabus gebrochen werden und die man mit einiger Berechtigung als respektlos bezeichnen kann, gerade die Mütter behaupten konnten. Die Spitzen der Gesellschaft, Staatsmänner, gekrönte Häupter, sogar der Papst, alle können angegriffen werden, können in Talkshows und Kabarettprogrammen durch den Kakao gezogen werden, die Mütter aber nicht. Die haben ihre Stellung auf dem Podest behalten. Frauen, insbesondere wenn sie blond sind, werden häufig zur Zielscheibe von Witzen, auch Schwiegermütter werden nicht verschont. Aber Mütter?

Eine originelle Ausnahme bildet der »Bulle von Tölz«, Ottfried Fischer. Was sich der seiner Mutter zu sagen getraut bzw. was ihn der Drehbuchautor sagen lässt, ist überaus bemerkenswert. Die Rolle der sich aufopfernden und überall einmischenden Mutter wird mit viel Witz und Charme dargestellt. Der polternden und verzweifelten Abwehr des Sohnes merkt man die bereitwillige Resignation und das Ergeben in das vermeintliche Schicksal an, denn auf die Fürsorge der Mutter in Form von liebevoll und reichlich zubereitetem Essen und bereitgelegter Kleidung mag er nicht verzichten. Und so wird er wohl weiterhin im »Hotel Mama« logieren und dafür die Einmischungen der Mutter in die Lösung von Kriminalfällen und die wohl von beiden Seiten nicht ganz ernst gemeinte Wahl einer Partnerin bzw. Schwiegertochter erdulden.

Das Rollenverhalten der beiden entspricht auch in dem Punkt der häufig anzutreffenden Realität, dass es nicht auf die Lösung des Konflikts ausgerichtet ist – was in diesem Fall völlig kontraproduktiv wäre, da es sich um eine Serie handelt. Es ist auch bemerkenswert, dass das Publikum Ottfried Fischer die Grobheiten gegen die Mutter durchgehen lässt, ohne dass seine Sympathiewerte darunter leiden. Es ist dies darauf zurückzuführen, dass er zwar einen gewichtigen, aber auch »gemütlichen« Körperbau aufweist, der keine Aggressivität signalisiert. Die Dialektfärbung tut ein Übriges. Würde es sich dabei um einen hageren Mann mit scharf akzentuierter Sprache handeln, er dürfte sich dieses Verhalten wohl nicht ungestraft erlauben.

Auch die Tatsache, dass es vermehrt Romane von Frauen über »böse Mütter« gibt, wie zum Beispiel »Die Eisheiligen« von Helga M. Novak (1979), »Die Klavierspielerin« von Elfriede Jelinek (1983), »Die Züchtigung« von Waltraud Anna Mitgutsch (1985) und »Weißer Oleander« von Janet Fitch (1999), ändert nichts an meiner Einschätzung, dass der

Muttermythos intakt ist. Diese Werke zeigen meiner Meinung nach nur, dass Mütter, die nicht dem Idealbild entsprechen, zu Romanfiguren inspirieren und nicht als Normalität gelten. Durch die überzeichnete Darstellung bzw. die Auswahl extremer Beispiele vermitteln die Autorinnen den Eindruck, dass böse Mütter etwas Krankhaftes und Abnormes seien und keine Bedeutung für das »normale« Leben haben. Im Leser wird die Reaktion »Sachen gibt's« ausgelöst und er legt das Buch mit Abscheu oder wohligem Schauer und dem Bewusstsein aus der Hand: »Wie gut geht es mir als Tochter (oder Sohn)«, oder: »Was bin ich doch für eine gute Mutter.« Und die Folge davon ist, dass sich die Opfer einer problematischen Mutterbeziehung noch mehr in die Ecke des Abartigen gedrängt fühlen und noch weniger den Weg zum Öffnen und zur Aussprache finden.

Wiedergutmachung und Abstandszahlung

Ich bleibe dabei: Der Muttermythos ist unversehrt. Mag sein, dass gelegentlich am Sockel gekratzt wurde, aber selbst der kräftige Tritt, den Simone de Beauvoir dem Denkmal versetzte, konnte ihm letztlich nichts anhaben.
Für die Mütter ist er ein verdientes Dankeschön der Gesellschaft für die Leistungen, die sie für die Kinder und die gesamte Familie erbringen. Diese Verneigung ist nicht nur vor den »guten Müttern« berechtigt, sondern wohl vor jeder. Auch die nicht so gute Mutter hat das Kind ausgetragen und unter Schmerzen geboren, hat Entbehrungen und Enttäuschungen auf sich genommen. Sie hat möglicherweise ihre Lebensziele geopfert und zumindest aus ihrer Sicht in aller Liebe das Beste gewollt. Der Mythos ist so etwas wie eine notwendige Wiedergutmachung. Denn würde die Mutter aus ihrem Muttersein so viel Freude, Glück und Zufriedenheit beziehen, wie es in Sonntagsreden häufig behauptet wird, wozu sie dann auch noch auf das Podest stellen?
Dies ist aber nur die eine Seite des Mythos. Da muss noch mehr dahinter sein. Es ist wenig wahrscheinlich, dass sich ein so mächtiges Phänomen wie der Muttermythos in einer männerdominierten Gesellschaft jetzt schon über zwei Jahrhunderte hält, nur aus Dankbarkeit gegenüber den Müttern. Da müssen schon handfeste Vorteile für die Männer den Ausschlag geben. Und so ist es auch.
Der Muttermythos ist die Abstandszahlung dafür, dass die Frau diese Rolle übernimmt und es dem Mann überlässt, sich im öffentlichen

Leben zu verwirklichen. Zwar können die Männer den Frauen das Gebären nicht abnehmen, wohl aber das Versorgen und Aufziehen der Kinder. Der Muttermythos ist ein geringer Preis dafür, dass die Männer von diesen Aufgaben befreit sind und weitgehend unbehelligt von lästigen Konkurrentinnen im öffentlichen Leben werken können.

Und die Frauen? Warum sollten sie die geschützte Position auf dem Sockel verlassen? Das eine, die angenehmen Auswirkungen des Muttermythos, haben sie sicher. Ob sie das andere, die Anerkennung und Befriedigung durch ihre Tätigkeit im öffentlichen Leben, tatsächlich erreichen, ist fraglich. Denn Männer sind in diesem Metier geübter und sie können sich häufig auf eingespielte »Seilschaften« verlassen. Und möglicherweise kommt ihnen auch die Evolutionsbiologie zustatten.

Frauen und Männer unterscheiden sich nach den Theorien dieser Wissenschaft hinsichtlich ihrer Fortpflanzungsstrategien: Frauen versuchen, dem Nachwuchs durch Fürsorge und Erziehung gute Startbedingungen im Daseinskampf zu verschaffen und so für die Weitergabe ihrer Gene zu sorgen. Männer müssen sich gegenüber Konkurrenten behaupten, um sich fortpflanzen zu können. Durch diesen Rivalitätsdruck wurden bei ihnen in der Evolution Verhaltensweisen gefördert wie Imponiergehabe und Selbstdarstellung bis zur Selbstüberschätzung, Freude am Wettbewerb und Resistenz gegenüber Misserfolg. Folgt man dieser These, so haben sich Männer in einem Jahrtausende langen Selektionsprozess Eigenschaften angeeignet, die ihnen Fortpflanzungspartnerinnen bescherten und die sie nun im Kampf um Positionen, auch gegenüber Frauen, gut gebrauchen können. Denn wer seine Ellbogen einzusetzen versteht, eher zu Selbstüberschätzung als zu Selbstzweifeln tendiert, sich imposant präsentieren kann und sich auch durch Misserfolge nicht entmutigen lässt, hat entscheidende Vorteile im Gerangel auf der Karriereleiter.

Um nicht missverstanden zu werden: Damit ist nicht gesagt, dass Frauen weniger Kompetenz haben, Spitzenpositionen auszufüllen, sondern lediglich, dass sie aufgrund ihrer Eigenart weniger geeignet sind, diese auch zu erlangen.

So kommt es, dass viele Frauen den Schritt in eine angemessene berufliche Karriere erst gar nicht wagen. Oder sie versuchen es, treten aber wegen mangelnder Unterstützung durch den Partner, die Kollegen und die Gesellschaft oder wegen ihrer Neigung, sich bei Misserfolg rasch entmutigen zu lassen, den Rückzug auf den Sockel des Mutterdenkmals an.

Das Ergebnis ist, dass der Muttermythos sowohl von Männern als auch von Frauen genährt wird. Von Männern, weil dadurch die Frauen von Positionen ferngehalten werden, die sie selbst anstreben, und von Frauen, weil sie fürchten, sonst zwischen zwei Sesseln zu sitzen zu kommen.

Rolle der Frau und Muttermythos

Brauchen die Frauen heute den Muttermythos überhaupt noch, um sich zu bestätigen? Haben sie nicht längst Einzug gehalten in das öffentliche Leben und dort bewiesen, dass sie ihre »Frau« stehen? Zweifellos ist ein Schritt in diese Richtung getan, aber wir sollten uns nicht darüber hinweg täuschen, dass viele Frauen die Definition über die Mutterrolle sehr wohl noch brauchen bzw. aufgrund der Umstände darauf reduziert werden.

Die Erfolge der Frauen schauen trotz Ministerinnen, Bankdirektorinnen und Firmenchefinnen quantitativ noch immer dürftig aus. Den Zugang zu den Bildungswegen haben sie sich erkämpft. Das ist unbestritten. Der Anteil der Frauen an den AbsolventInnen von Universitäten und hochschulverwandten Lehranstalten ist in Deutschland und Österreich in den letzten 50 Jahren von 15 Prozent auf rund 50 Prozent gestiegen. Das liest sich gut. Allerdings konnten die mit der höheren Bildung verbundenen Positionen und Gehälter mit dieser Entwicklung bei weitem nicht Schritt halten. Unter den hauptberuflichen wissenschaftlichen MitarbeiterInnen an Universitäten sind nur 25 bis 30 Prozent weiblichen Geschlechts und unter den ProfessorInnen sinkt der Frauenanteil sogar unter die 10-Prozent-Marke.

Und ganz ähnlich sieht es mit den Gehältern aus: Frauen verdienen bei gleicher Arbeitszeit und gleicher Ausbildung nach wie vor deutlich weniger als Männer.

Leicht wird es den Frauen jedenfalls nicht gemacht, sich am Muttermythos vorbei im beruflichen Leben zu beweisen. Immerhin haben sie heute in einem bisher nicht gekannten Ausmaß die Möglichkeit, sich zwischen Mutterschaft und Kinderlosigkeit zu entscheiden. Die Frau, die keine Mutter ist, muss nicht mehr, wie noch bis in die Mitte des 20. Jahrhunderts, mit gesellschaftlicher Geringschätzung oder sogar Ächtung rechnen.

Aber das, was viele Frauen möchten, ist nicht die Wahlmöglichkeit, sondern die Freiheit, beides zu verwirklichen: Mutterschaft und berufliche Befriedigung. Und genau das wird ihnen sehr schwer gemacht. In diesem Fall kennt die Gesellschaft nach wie vor keinen Pardon. Auch die »Nicht-nur-Mutter« unterliegt voll den Anforderungen, die sich aus dem Muttermythos ergeben. Sie erhält keinen Rabatt und keinen Bonus für die Doppelbelastung. Herrad Schenk (1996) sieht in der Wahlmöglichkeit kein Ende des Muttermythos: *»Sie darf neuerdings (...) auch andere Interessen haben, sie darf sogar einen Beruf ausüben – aber alle anderen Aktivitäten müssen gegenüber ihrem Engagement für die Familie von nachrangiger Bedeutung sein.«* (S. 185)

Damit eine Frau Mutter und gleichzeitig »etwas anderes« sein kann, braucht sie einen Partner, der mitspielt, und einen Staat, der die Doppelrolle unterstützt. Sie braucht Instrumente wie Kinderbetreuungseinrichtungen, Ganztagsschulen, Teilzeitjobs, Fortbildungsangebote etc.

Angesichts der Tatsache, dass in den deutschsprachigen Ländern die Kinderzahlen pro Mutter dramatisch sinken und eine wachsende Zahl von Frauen überhaupt auf Kinder verzichtet, wird hier der Staat um solche Angebote nicht herum kommen, denn nach derzeitiger Lehrmeinung von Sozialwissenschaftern heißt der Weg in den nächsten Jahrzehnten: Frau und Mutter.

Weg mit Muttermythos

Mein Motiv, den Muttermythos anzukratzen oder wenigstens in Frage zu stellen, ist nicht, den Müttern den verdienten Dank und die zustehende Anerkennung streitig zu machen. Auch nicht, in den Geschlechterkampf einzugreifen. Mir geht es nur darum, mich auf die Seite von Töchtern und Söhnen zu stellen, die nicht das Glück einer guten Mutterbeziehung haben. Und die hindert der Muttermythos lange, nicht selten ein Leben lang, sich ohne quälende Schuldgefühle mit ihrer Mutterbeziehung auseinander zu setzen.

Machen wir eine Bestandsaufnahme, wer vom Muttermythos profitiert und somit keine Hilfe bei dessen Abschwächung leisten würde und wer ihn nicht braucht bzw. wem er geradezu hinderlich ist.

Wer den Muttermythos braucht:

- Väter, die das Versorgen und Aufziehen der Kinder gerne den Müttern überlassen;
- Männer, die die Konkurrenz der Frauen im öffentlichen Leben fürchten;
- Frauen, die keine andere Möglichkeit sehen, als sich über die Mutterrolle zu definieren;

- Mütter, die ihre Mängel in dieser Rolle verdecken wollen;
- eine Gesellschaft, die Frauen in der Mutterrolle und Männer im öffentlichen Leben einzementieren will.

Wer den Muttermythos nicht braucht:
- Väter, die sich stärker in die Versorgung und Erziehung des Kindes integrieren wollen;
- Frauen, die über andere Möglichkeiten verfügen, als sich über die Mutterrolle zu definieren;
- Männer, die Frauen im öffentlichen Leben als Partnerinnen akzeptieren;
- Kinder, die eine problematische Mutterbeziehung haben;
- eine Gesellschaft, die die Frauen im öffentlichen Leben und die Männer im Familienleben stärker integrieren will.

Ich möchte an einem Beispiel zeigen, welche Veränderungen die Auflösung oder Abschwächung eines Mythos bewirken kann. Bis vor kurzem gab es den Mythos der Ärzte, der »Götter in Weiß«, der heute zumindest teilweise überwunden ist. Die Mediziner galten als unfehlbar, aufopfernd und selbstlos. Die Zugehörigkeit zu dieser Gruppe genügte, um diese Attribute zuerkannt zu erhalten. Die Ärzte konnten sich in der Ehrerbietung und im Vertrauen der Patienten sonnen. Die Patienten wiederum hatten in jedem Fall das beruhigende Gefühl, »in den besten Händen« zu sein, gleichgültig, an welchen Arzt sie gerieten.
Die Überwindung des Mythos machte erst eine sachliche und individuelle Betrachtung dieses Berufsstandes möglich. Und die ergibt tatsächlich »Furchtbares«: Nicht alle Ärzte sind »göttlich«, manche machen Kunstfehler oder sind geradezu Stümper, viele stellen finanziellen Gewinn vor das Berufsethos. Die Ärzte wünschen sich vermutlich den Mythos zurück, der ihnen Verehrung und bedingungsloses Vertrauen bescherte. Die Patienten sehnen sich möglicherweise auch nach der Zeit, in der kein Zweifel an der Kunst des Arztes ihr Bewusstsein trübte.
Was haben wir also davon, dass die »Götter in Weiß« vom Himmel geholt wurden? Nicht mehr und nicht weniger als ein partnerschaftliches Verhältnis zwischen Arzt und Patient. Eine Begegnung auf Augenhöhe. Das ist allerdings mit Anstrengung für beide Seiten verbunden. Der Patient sucht sich seinen Arzt nun gewissenhafter aus, Diagnosen und Therapievorschläge werden nicht mehr einfach »geschluckt«, sondern durch Konsultation anderer Ärzte abgesichert, und bei Unzufriedenheit erfolgt ein Wechsel. Und der Arzt hat sich diesen Anforderungen des »mündigen Patienten« zu stellen.

Was würde eine Auflösung oder wenigstens eine Abschwächung des Muttermythos bringen? Betrachten wir es zunächst aus dem Blickwinkel der Mutter. Sie würde dann nicht einfach deshalb, weil sie ein Kind hat, im Glorienschein des Muttermythos stehen und sich dahinter verstecken können. Es würde auch nicht alles, was sie tut, von vornherein als gut und richtig beurteilt werden, nur weil sie Mutter ist. Sie würde dadurch »angreifbar« werden.

Eine positive Auswirkung wäre, dass der Druck von der Mutter genommen würde, perfekt sein zu müssen. Und damit würde man der Realität näher kommen, denn es sind nun einmal nicht alle Mütter auch gute Mütter. Wie auch sonst im Leben gibt es mehr oder weniger talentierte, bemühte und informierte Vertreterinnen. Eine gute Mutter zu sein ist eine großartige **individuelle** Leistung. Mütter, die diesem Idealbild nicht entsprechen, stellen keine Minderheit dar, sie sind auch nicht krank oder moralisch verwerflich. So könnte es Müttern, die in ihrer Rolle überfordert sind, auch leichter fallen, sich dies einzugestehen und Hilfe in Anspruch zu nehmen.

Die Gewinner einer Abschwächung des Muttermythos wären die Kinder in einer problematischen Mutterbeziehung. Wenn die Mutter nicht mehr tabuisiert wäre und auf dem Sockel stünde, hätten sie die Möglichkeit, ohne Schuldgefühle das Verhalten der Mutter zu diskutieren, zu kritisieren und in Frage zu stellen. Allerdings müssen sie auch akzeptieren lernen, dass es keinen Anspruch auf eine bedingungslos liebende Mutter gibt, dass eine »gute Mutter« eine Glücksfall ist und dass man bei der »Zuteilung« der Mutter mehr oder weniger begünstigt sein kann. Letztlich müssen auch die Kinder bereit sein, ihre Mutter so zu lieben oder wenigstens zu akzeptieren, wie sie ist (die Mutter kann sich das Kind auch nicht aussuchen, sie hat aber zweifellos größere Möglichkeiten, es zu beeinflussen, als das umgekehrt der Fall ist).

Die Machtmutter

»Mit 15, 16 Jahren hätte ich meine Mutter ermorden können, so habe ich sie gehasst. Sie hat mich nie so sein lassen, wie ich wollte. Immer hat sie an mir herummanipuliert.«

Der das sagt, ist kein Skinhead und kein vorbestrafter Aggressionstäter, sondern Johannes, ein mittlerweile pensionierter 63-jähriger Beamter, Vater von zwei Söhnen (26 und 34 Jahre) und Sohn einer Machtmutter.

Wie ist sie, die Machtmutter, was tut sie, dass sie solche Hassgefühle auslöst? Sie will alles bestimmen, es muss alles nach ihrem Kopf gehen. Und sei es mit Gewalt und das im wörtlichen Sinn.

Exkurs über Macht und Machtbedürfnis

Macht spielt in unserem Leben eine gewichtige Rolle. Alfred Adler sah im »Willen zur Macht« sogar das Haupterklärungsprinzip seiner Persönlichkeitslehre, der Individualpsychologie. Darüber entzweite er sich mit Sigmund Freud, der diese besondere Rolle dem Sexualtrieb zuschrieb – auch ein Machtkampf.

Als Bürger sind wir in das Machtgefüge der Gesellschaft eingebaut. Als Berufstätige haben wir die hierarchischen Strukturen der Firma mit dem »Oben« und »Unten« zu akzeptieren. In der Freizeit, sofern wir sie nicht allein, sondern in einer Gruppe verbringen, haben zwar meist alle Mitglieder einen ähnlichen sozialen Status, aber auch da gibt es diejenigen, die eher das Sagen haben, die sich mit ihren Vorschlägen eher durchsetzen, die den Ton angeben in Bezug auf akzeptierte Meinung, Lebensstil etc. In jeder Paarbeziehung ist Macht ein Thema: Wer bestimmt das Urlaubsziel, wer die Marke des Familienautos, wer die Farbe der Tapeten? Wer verfügt über die »Machtquellen«, mit denen der/die andere beeinflusst, bestimmt, kontrolliert werden kann?

Und auch die Beziehung zwischen Mutter und Kind spielt sich selbstverständlich nicht im machtfreien Raum ab. Im Gegenteil: Durch die

Abhängigkeit und Unselbständigkeit des Kindes befindet sich die Mutter, ob sie es will oder nicht, in einer Machtposition. Man könnte sogar sagen, die Mutter stelle eine geballte Machtkonzentration dar. Sie hat die Belohnungs- und Bestrafungsmacht, ihre Machtausübung ist vom Staat und von der Gesellschaft legitimiert und sie hat aufgrund ihres Erfahrungsvorsprungs und ihrer besonderen Rolle Experten- und Vorbildmacht.

Aber Macht haben und Macht ausspielen, das sind zwei Paar Schuhe. Das Machtbedürfnis hat zwei deutlich unterscheidbare Erscheinungsformen. Die eine ist das Streben nach Machtmitteln, nach Machtpositionen und Machtsymbolen. Geld ist z. B. ein solches Machtmittel, denn »wer zahlt, schafft an«. Aber auch das unbezahlte Ehrenamt als Präsident eines Vereines hat seine Wirkung. Es bringt zwar kein Geld, aber Ansehen. Mit der Macht, die man mit Besitz oder Position gewinnt, lassen sich andere Bedürfnisse wie etwa das nach Anerkennung oder nach einer attraktiven Sexualpartnerin bzw. einem entsprechenden Sexualpartner befriedigen (angeblich ist nichts so erotisch wie Macht).

Daneben gibt es noch eine andere Form des Machtmotivs. Dabei geht es nicht so sehr darum, Macht zu haben, sondern darum, die Macht für andere spürbar werden zu lassen, sie zu Handlungen zu »bewegen«, die sie sonst nicht ausgeführt hätten. Es geht um das Machtausüben selbst und nicht um den Einsatz der Macht zu einem anderen Zweck.

Es soll nun nicht der Eindruck erweckt werden, dass das Ausüben von Macht grundsätzlich etwas Böses sei. Jede Erziehung, und erfolgt sie auch noch so verantwortungsbewusst, ist letztlich Machtausübung, denn eine Person, die mit Macht ausgestattet ist, veranlasst eine andere Person zu Handlungen, die sie ohne diese Einflussnahme nicht ausgeführt hätte. Es kommt darauf an, dass das Bedürfnis, Macht auszuleben, durch andere Eigenschaften wie Verantwortungsbewusstsein, Selbstkontrolle oder Mitgefühl ausgeglichen wird. Die Mutter verfügt meist über ein besonders wirksames Mittel, das Machtgefälle zwischen ihr und dem Kind nicht auszunützen: die Mutterliebe.

Wenn also im Folgenden von Machtmüttern die Rede ist, so sind solche Frauen gemeint, die das Bedürfnis, ihre Macht gegenüber dem Kind auszuleben, nicht unter Kontrolle haben und bei denen die Mutterliebe nicht ausreicht, die Balance herzustellen.

Charakteristisch für diesen Muttertyp ist, dass die Macht nicht oder zumindest nicht nur bei großen Entscheidungen wie z. B. bei der Wahl des Berufes ausgespielt wird. Meist geht es um scheinbare Banalitäten und Kleinigkeiten. Das mag zunächst überraschen, ist aber bei näherem

Hinsehen durchaus logisch. Denn gerade an Kleinigkeiten und Nebensächlichkeiten kann man Macht besonders augenscheinlich demonstrieren und sie denjenigen, der sich fügen muss, am deutlichsten spüren lassen.
Der Chef eines Unternehmens z. B. besitzt Macht. Er kann die Firma an die Börse bringen, in den Konkurs treiben oder verkaufen. Alle diese Machtbefugnisse treffen den einzelnen Mitarbeiter unmittelbar nur in Extremsituationen, z. B. wenn sein Arbeitsplatz auf dem Spiel steht. Täglich spürbar wird die Machtausübung aber, wenn sie Kleinigkeiten betrifft wie etwa Bekleidungsvorschriften, spezielle Grußformeln oder Anreden, die Verwendung bestimmter Formulare u. Ä. Die kleinen Dinge machen die Macht spürbar, mehr als die großen.

Die »Spielwiese« der Machtmutter

Aber zurück zur Machtmutter. Ihre »Spielwiese«, auf der sie ihr Machtbedürfnis auslebt, sind scheinbare Nebensächlichkeiten wie Kleidung, Frisur, Hobbies etc.

Herfried (61), Architekt und hoher Beamter in einer Stadtverwaltung, berichtet über seine Mutter, dass sie ihm selbst die kleinsten eigenen Wünsche abgewürgt habe.

»Als kleines Kind schon habe ich bemerkt, dass mir meine Mutter Sachen aufzwingt, die ich nicht mag. Und Dinge, auf die ich mich gefreut habe, hat sie mir vermiest, indem sie mir etwas anderes geschenkt hat. Ich habe wahnsinnig gelitten unter diesem Verhalten, aber ich habe die Autorität der Mutter akzeptiert.«

»Als ich acht Jahre alt war, haben meine Eltern beschlossen – wobei mein Vater nichts zu bestimmen hatte –, dass ich ein Instrument spielen soll, und zwar Geige. Ich wollte aber nicht Geige, sondern Gitarre lernen. Wenn ich in der Schule gesagt hätte, ich muss Geige spielen, hätten mich alle ausgelacht. Mein Vater wollte mir das Geigenspiel selbst beibringen. Ich habe immer so geweint, dass ich die Noten nicht sehen konnte. Die Krönung war, als ich bei einer Schulveranstaltung auftreten musste. Es war mir unglaublich peinlich, dass ich dort zum Spielen vorgeführt wurde. Bei ›Muss i' denn zum Städtele hinaus‹ habe ich angefangen zu weinen und ich habe den Saal verlassen. Es hat nie mehr

jemand gesagt, dass ich Geige spielen soll, und ich habe auch keine Lust mehr gehabt, irgendein anderes Instrument zu spielen.«

Weiters erzählt er aus der Zeit im 14. Lebensjahr, als er täglich mit dem Zug zum Gymnasium fuhr:

»Ich bin in der Frühe aus dem Haus gegangen mit der Kleidung, die mir meine Mutter aufgezwungen hat, weil sie praktisch war, wie zum Beispiel einer langen Lederhose. Bei meiner Großmutter, die am Weg zum Bahnhof gewohnt hat, hatte ich Gewand deponiert, das mir gefiel und das meine Großmutter gekauft hatte. Dort habe ich mich umgezogen und bin mit dem Zug zur Schule gefahren. Am Nachhauseweg habe ich wieder mein normales Gewand angezogen.«

Wie mit der Kleidung, so war es auch mit der Frisur. Herfried durfte sich die Haare nicht so schneiden lassen, wie er wollte.

»Die Mutter ist immer zum Friseur mitgegangen und die Haare sind so geschnitten worden, wie sie es wollte. Eines Tages habe ich allein gehen dürfen und ich konnte die Haare endlich so schneiden lassen, wie es mir gefiel. Als ich dann heimkam, sagte sie: ›Wie schaust du denn aus‹, und sie hat mich noch einmal zum Friseur geschickt zum Nachschneiden.
Ich habe immer gejammert, bis sie schließlich nachgegeben hat: ›Heute kannst du zum Friseur gehen und die Haare so schneiden lassen, wie du willst.‹ Ich war richtig glücklich. Als ich dann an der Reihe war und dem Friseur sagen wollte, wie ich es haben will, hat er mir erklärt: ›Die Frau Mutter war schon da und hat gesagt, wie du geschnitten wirst.‹ Ich habe mich richtig betrogen gefühlt.«

Auch bei Angela (42) war die Frisur der Ansatzpunkt für Machtspiele zwischen ihr und ihrer Mutter.

»Ich war in der ersten oder zweiten Klasse des Gymnasiums und hatte schulterlanges, glattes Haar. Die Auflage meiner Mutter war, die Haare immer zu Zöpfen zu flechten oder nach hinten zu binden. Dem habe ich versucht zu entgehen, indem ich die Zopfspangen teils absichtlich, teils unabsichtlich nicht finden konnte. Es gab dann immer die Drohung, wenn ich die Zopfspangen das nächste Mal nicht finde, dann werden mir die Haare abgeschnitten.

Dann kam es zu diesem berühmten Samstag: Ich habe meine Zopfspangen wieder nicht gefunden und die Zeit war schon knapp. Ich musste das Haus verlassen, aber meine Mutter hat mich nicht gehen lassen, weil die Haare offen waren. Und ich wollte ja eigentlich mit offenen Haaren gehen. Da hat sie mir meine mehr als schulterlangen Haare unterhalb der Ohren abgeschnitten – mit einer normalen Küchenschere gerade abgeschnitten. In meiner Verzweiflung bin ich zur Großmutter gegangen und habe ihr das gezeigt. Meine Oma hat beim Friseur für den Nachmittag einen Termin ausgemacht. Ich bin dann zur Schule gegangen und habe mir eine Haube über den Kopf gezogen, damit das nicht jeder sehen kann. Ich kam zu spät und der Musiklehrer hat mich dazu angehalten, dass ich die Haube herunternehme. Ich habe es getan und die ganze Klasse ist in Gelächter ausgebrochen.
Nach der Schule ging ich zum Friseur. Dort musste ich mehrere Stunden warten, weil alle Erwachsenen vor mir bedient wurden. Meine Oma war inzwischen über das Wochenende verreist. Als ich Stunden später nach Hause kam, war bereits die Polizei alarmiert. Mein Vater, der geschieden war von meiner Mutter, war informiert und ich musste dann auf die Polizeiwachstube und den Polizisten dort erklären, wie Leid es mir tut, meine Mutter so schockiert zu haben.«

Dieser finale Akt war offensichtlich wichtig, denn er dokumentierte die »Unterwerfung« von Angela und bestätigte die Mutter in ihrer Rolle als besorgter Elternteil. Keine Rede vom Schock, den Angela erlitten hat, keine Rede vom Übergriff der Mutter.

Ähnliche Erfahrungen machte Richard (61) mit seiner Machtmutter:

»Sie wollte sich in allem und jedem durchsetzen. Sie wusste, was gut ist, was schlecht ist, wie das Leben läuft. Wenn man darüber nachdenkt, ist es schwer, denn es setzt sich alles aus Banalitäten zusammen. Aber die ergeben ein Bild.«

Mit acht Jahren sollte er ein Musikinstrument lernen. Er erzählt darüber:

»Eine Tatsache ist: Ich bin unmusikalisch. Meine Mutter aber war der Meinung: ›Man schult sein Gehör und beginnt mit der Blockflöte.‹ Dann hat sie mir eine Blockflöte gekauft und ich musste zu Herrn M. gehen, einem pensionierten Schuldirektor. Er war ein lieber Mensch und ich habe ihm gleich gestanden: ›Ich komme her, weil ich kommen

soll. Ich komme gar nicht ungern, aber Flöte spielen will ich nicht.‹ Er hat mich beruhigt, dass ich nicht Flöte spielen muss, und hat mir Geschichten erzählt. Ich bin ganz locker heimgegangen und habe mir nichts gedacht. Als ich meiner Mutter erzählte, wie die Stunde war, ist sie ausgerastet. Ich höre sie noch schreien: ›Ich kaufe dir die teure Flöte und zahle die teuren Stunden und du spielst nicht!‹
Ich habe im Gegenzug die Flöte über der Tischkante abgeschlagen. Daraufhin hat sie mich geschlagen und die nächste Flöte gekauft. Als sie sie mir gegeben hat, habe ich sie sofort wieder abgeschlagen. Nach der dritten Flöte hat sie aufgehört.«

Auch bei Richard hatte die Mutter in Kleidungsfragen das erste und das letzte Wort.

»Wir (sein Bruder und er, Anm.) haben nur das anziehen dürfen, was sie wollte. Ich habe oft auf dem Weg zur Schule etwas in einem Holzstoß versteckt, zum Beispiel einen langen Mantel, mit dem ich mich geschämt habe. Lieber habe ich gefroren, als mich mit dem Mantel zu genieren.«

Die genauen Erinnerungen von Richard und Herfried belegen, dass es für sie dabei nicht um Kleinigkeiten ging, sondern dass die Missachtung ihrer Wünsche symptomatisch war und eine nachhaltige Kränkung bewirkte.
Durch das Aufzwingen einer Kleidung, die sie nicht mochten und deretwegen sie sich vor den Mitschülern schämten, wurde ihnen ein Teil der Persönlichkeit und der Identität genommen. Wer erlebt hat, wie man sich fühlt, wenn man zum Militär kommt, dort seine persönlichen Sachen abgibt und die Uniform ausfasst, wird das verstehen. Mit der persönlichen Kleidung gibt man ein Stück vom Ich ab, und das wird wohl nicht ganz unbeabsichtigt sein, nicht vom Militär und wohl auch nicht von der Machtmutter. Beim Militär besteht immerhin der Vorteil, dass es keinem der Kameraden besser geht, denn sie alle tragen die gleiche Kleidung und es besteht kein Grund, sich in der Gruppe zu schämen.
Wer über die Kleidung eines Menschen bestimmt, hat das Sagen, hat Macht über die Person. Denken Sie dabei auch an manchmal lustige, oft aber bitterernste Auseinandersetzungen über Bekleidungsfragen in Paarbeziehungen, bei denen die Garderobe nur als Vorwand für die Austragung von Machtspielen dient.
Nun kann man natürlich pädagogisch korrekt einwenden: Das ist doch

ein normaler und vernünftiger Erziehungsprozess. Man kann die Kinder doch nicht alles selbst bestimmen lassen. Es müssen bewusst Grenzen gesetzt werden. Das Kind muss frühzeitig lernen, dass es nicht alles haben kann.

Das ist zweifellos richtig. Wir leben in einer Zeit, in der die Kinder von den Eltern, Großeltern, Onkeln und Tanten mit Designerkleidung, elektronischem Spielzeug, Sportgeräten etc. »zugeschüttet« werden. Meist genügt bereits der beiläufig geäußerte Wunsch des Kindes. Und wenn der nicht »greift«, dann funktioniert sicher die Erpressung mit dem Hinweis darauf, dass das alle haben.

Ich glaube, dass weder ständiges Nachgeben gegenüber dem Kindeswunsch noch das permanente Aufzwingen eigener Vorstellungen, was für das Kind »gut und richtig« ist, etwas mit Liebe zu tun haben. Es kann kein Zweifel bestehen, dass das Anerkennen von Grenzen und das Versagen von Wünschen zu unserer Persönlichkeitsentwicklung gehören. Aber zwischen den Extremen totales Nachgeben gegenüber dem Kindeswunsch und totale Durchsetzung der Mutter wird es wohl einen vernünftigen Mittelweg geben. Und letztlich kommt es auf die Art an, wie die Mutter (und natürlich auch der Vater – aber um den geht es hier nicht) mit dem Kindeswunsch umgeht und auf welche Weise die Entscheidung zustande kommt.

Die Mutter hat zwei Funktionen, die sich eigentlich widersprechen. Sie ist sowohl für die Befriedigung der Bedürfnisse als auch für die Entwicklung der Ich-Funktionen des Kindes zuständig. Und dazu gehört auch die Fähigkeit, Wunscherfüllung aufzuschieben oder sich gänzlich zu versagen. Entwicklungs- und Sozialpsychologen halten den Aufschub von Bedürfnisbefriedigung für eine der wichtigsten Leistungen des Kindes auf dem Weg zum Erwachsenwerden. Es mag schon sein, dass der Spatz in der Hand manchmal besser ist als die Taube auf dem Dach, d. h. eine geringe sofortige Belohnung gegenüber einer größeren späteren attraktiver erscheint. Aber oft zahlt es sich aus, auf die Taube zu warten, z. B. wenn es darum geht, einen langen Bildungsweg einzuschlagen, der in ferner Zukunft mehr Befriedigung und finanziellen Erfolg verspricht, statt das niedrige, aber sofort erreichbare Gehalt ohne Ausbildung zu akzeptieren.

Die Vernunft ist dabei ein wichtiges Hilfsmittel. Allerdings müssen solche Situationen des Bedürfnisaufschubs und der Bedürfnisverweigerung schon im frühesten Kindesalter bewältigt werden, und da gehen Appelle an die Vernunft noch ins Leere.

Dieser Lernprozess ist, wie jeder von uns aus leidvoller Erfahrung weiß,

überaus schmerzlich. Und gerade in dem Moment, da ein bestehendes Bedürfnis nicht befriedigt werden kann, braucht das Kind alle Liebe und Zuwendung. Denn so spürt es, dass nicht es selbst abgelehnt wird, sondern lediglich die Erfüllung seines Wunsches.
Und noch ein Einwand, der vorgebracht werden könnte und der durchaus Sinn macht: Kinder sollen schon frühzeitig lernen, sich nicht über die Kleidung zu definieren. Es kommt schließlich auf innere Werte und nicht auf Äußerlichkeiten an. Auch diesem Argument kann man vernünftigerweise nur zustimmen. Allerdings muss sich die Mutter (bzw. müssen sich die Eltern) auch mit der Frage auseinander setzen, ob das Kind mit der Verwirklichung dieser Maxime nicht überfordert ist und schlicht darunter leidet, zum Außenseiter gestempelt zu werden mit all den kränkenden Blicken oder Bemerkungen der Mitschüler und dem Gefühl des Ausgeschlossenseins.
Ob der übertriebene Bekleidungskult der westlichen Welt sinnvoll ist, mag dahingestellt sein. Die Schule ist von diesem gesellschaftlichen Druck nicht ausgenommen. Ganz im Gegenteil. Für die Schüler genügt es meist nicht, nur einfach gut gekleidet zu sein. Man muss, will man dazugehören, Kleidung einer bestimmten Marke tragen, die gerade »in« ist. Ob allerdings Uniformen, wie sie an manchen Schulen vorgeschrieben sind, die Lösung darstellen, ist ebenfalls zu bezweifeln.
Wollte man in der Kleidung nur etwas sehen, das geeignet ist, die Blößen zu bedecken, vor Kälte, Hitze, Regen oder Verletzungen zu schützen, so ginge man an der Realität der Zivilisation wohl meilenweit vorbei. Das Outfit hat nun einmal nicht nur eine praktische Funktion, es hat auch sehr viel mit dem Selbst des Trägers/der Trägerin zu tun.
Die Kleidung von Herfried und Richard hat die praktische Funktion allemal erfüllt. Die Mutter brauchte sich nicht vorzuwerfen oder vorwerfen zu lassen, ihr Kind zu vernachlässigen. Für die weitergehenden Wünsche des Kindes, mit der Kleidung auch das eigene Selbst auszudrücken, in der Klasse damit akzeptiert und vielleicht sogar ein wenig bewundert zu werden, war sie jedenfalls nicht geeignet.

Notfalls mit Gewalt

Wie bereits erwähnt, setzt die Machtmutter ihren Willen durch, wenn es sein muss mit Gewalt – und das im wörtlichen Sinn. Das bekam auch Johannes zu spüren:

»Wenn sie sich nicht mehr hinaussah, wurde sie aggressiv. Sie hat mir noch eine Ohrfeige gegeben, als ich 26 war.«

Und Richard berichtet:

»Sie war eine Furie. Wenn etwas nicht nach ihrem Kopf gegangen ist oder wenn sie mit ihrer Weisheit bei der Erziehung am Ende war, hat sie zu schlagen begonnen. Mit dem Kochlöffel hat sie uns herumgetrieben.«

Auch bei Herfrieds Mutter war es nicht anders:

»Einmal habe ich eine Ohrfeige für etwas bekommen, das ich gar nicht getan hatte. Die Mutter hat sich aber nicht entschuldigt, sondern sie hat gesagt: ›Dann hast du die Ohrfeige eben für etwas anderes bekommen, das ich nicht weiß.‹ Heute finde ich das eher lustig, aber damals war ich tief getroffen.«

Das ist nicht verwunderlich, denn eine Ohrfeige wirkt noch demütigender und das Opfer der Züchtigung fühlt sich noch mehr ausgeliefert, wenn der Zusammenhang zwischen Fehlverhalten und Strafe verwischt wird. Das Kind hat gewissermaßen ständig damit zu rechnen, bestraft zu werden, egal, was es tut. Auch mit Wohlverhalten kann es die Strafe nicht vermeiden. Eine subtile und wirkungsvolle Art der Machtdemonstration. (Wer in diesem Zusammenhang an Machtausübung in der Politik denkt, liegt sicherlich nicht falsch.)

Schläge als Mittel zur Durchsetzung des Willens sind bei der Machtmutter nicht auf Söhne beschränkt, es kann auch Töchter treffen, wie das Beispiel Angelas zeigt:

»Durch meine ganze Kindheit hindurch kann ich mich an Schläge erinnern. Das habe ich ihr jetzt zum ersten Mal gesagt, seit all den Jahren. Zum ersten Mal, dass ich das als Erwachsene formuliert habe. Und die Antwort war, dass sie mir ins Gesicht geschaut und gesagt hat: ›Du warst ein Kind, das musste geschlagen werden.‹ Ich war fassungslos. ›Hörst du dir eigentlich selbst zu? Du sagst, ich war kein Kind zum Liebhaben und ich hätte es herausgefordert. Sicher, ich habe die Schläge auch herausgefordert, aber ich war ein zweijähriges Kind. Was soll ein zweijähriges Kind herausfordern?‹«

Keine Intimsphäre

Zur Strategie der Machtmutter, Kontrolle über das Kind zu haben, gehört auch, dass sie keine Geheimnisse duldet und die Intimsphäre nicht respektiert. Damit wird dem Kind auch die letzte Möglichkeit genommen, sich der Allgegenwart der Mutter zu entziehen. Ein geradezu pikantes Beispiel lieferte die Mutter von Johannes. Sie forderte ihn auf, ein Tagebuch zu schreiben, wie es damals große Mode war. Allerdings sagte sie ihm, was er in das Tagebuch schreiben soll, und sie las es auch.

»Das ging so zwei Jahre. Später habe ich das Tagebuch versteckt und es selbst geschrieben.«

Er versuchte auch, seine Welt durch Lügen vor der Mutter zu schützen:

»Ich habe mich mit 16, 17 Jahren zu einem perfekten Lügner entwickelt, es ist mir fast zu einer zweiten Natur geworden.«

Und Herfried erzählt:

»Als ich dann die ersten Freundinnen gehabt habe, hat sie (die Mutter, Anm.) die Briefe geöffnet. Da war ich aber schon 17, 18 Jahre alt. Wenn ich sie dann zur Rede gestellt habe, hat sie sich nicht entschuldigt, sondern nur gesagt: ›Ich habe gedacht, da steht was Wichtiges drinnen.‹«

Angela kam mit 14 in ein Internat. Sie erzählt aus dieser Zeit:

»Im Internat habe ich begonnen, ein Tagebuch zu schreiben. Als ich 16, 17 war, hat meine Mutter es gefunden. Wir saßen beim Frühstück und sie hat sich auf irgendetwas bezogen, das sie nur aus dem Tagebuch wissen konnte. Ich habe daraufhin Dinge, die mich persönlich betroffen haben – nichts Spektakuläres, nur ganz winzige Sachen, z. B. einen Ring von einem Freund –, versteckt. In dem Altbau, in dem wir wohnten, konnte man die Kellerziegel teilweise bewegen. Da habe ich ein Geheimversteck fabriziert.«

Kein Lob

Ein weiteres Charakteristikum der Machtmutter ist, dass sie mit Lob und Ermutigung äußerst sparsam umgeht. Richard berichtet darüber:

»Sie hätte einem labilen Menschen ein Gefühl der Minderwertigkeit vermittelt, weil sie alles, was wir gemacht haben, abgewertet hat. Selbstbewusstsein hat sie nicht aufgebaut. Es wurde nie gelobt. Wenn etwas gepasst hat, hat sie nichts gesagt, in allen anderen Fällen hat sie gleich losgebrüllt.«

Johannes hatte auf Drängen der Mutter (er sollte unbedingt Akademiker werden) und wohl auch auf eigenen Wunsch ein Studium begonnen:

»Sie hat vor Prüfungen auf der Uni gesagt: ›Schaffst es eh nicht.‹ Wenn ich dann berichtet habe, dass es ein ›Sehr gut‹ geworden ist, hat sie gesagt: ›Das war ja nur eine kleine Prüfung. Warte nur, bis die großen kommen.‹ Als ich dann das Studium abbrach, habe ich mir gesagt: Jetzt hat sie ja doch Recht behalten.«

Und Herfried erinnert sich:

»Sie hat mir nie zugehört. Sie hat mich zum Beispiel gefragt, wie es in der Schule war. Wenn ich dann angefangen habe, voll Begeisterung zu erzählen, weil ich gedacht habe, sie interessiert sich dafür, ist sie weggegangen. Ich habe heute noch, wenn ich in einer Gruppe eine Sache vertreten muss, das unangenehme Gefühl, dass mir keiner zuhört.«

Angela hatte etwas entdeckt, womit sie, an ihrer Mutter vorbei, Anerkennung ernten und Selbstvertrauen entwickeln konnte. Sie fand im Sport Selbstbestätigung und wurde darin von einer ihrer Lehrerinnen gefördert:

»Ich war Leistungssportlerin (in rhythmischer Sportgymnastik, Anm.) und meine Klassenvorständin war meine Trainerin. Die habe ich sehr geliebt. Das hat meine Mutter gewusst. Ich habe zusätzlich zur Schule damals vier bis sechs Stunden am Tag trainiert.«

Nach einem Streit entschied die Mutter, Angela in ein Internat zu schicken. Und damit war sie weg vom Sport und von der geliebten Lehrerin.

»Und das war das erste Mal, dass ich wirklich bewusst die Macht gespürt habe. Sie hat mir verboten zu trainieren und den Sport auszuüben mit der Begründung, dass ich dann mehr Zeit zum Lernen habe.«

Kein (Selbst-)Vertrauen

Wenden wir uns nun den Folgen zu, die das Verhalten der Machtmutter für die Kinder hat.
Die Dominanz der Mutter, die Bevormundung durch die Abnahme von Entscheidungen und das Fehlen von Ermutigung führen in erster Linie zu einem Mangel an Vertrauen in die eigenen Fähigkeiten. Damit sich ein solches entwickeln könnte, wären Erfolgserlebnisse notwendig. Aber wie sollen sich diese einstellen? Die Kinder haben kaum Freiraum für eigenverantwortliches Handeln. Und wenn sie doch einmal etwas selbständig tun, wird das Ergebnis schlecht gemacht. Bei den betroffenen Kindern dauert es daher lange, bis sie sich etwas zutrauen. Und wenn etwas gelingt, sind sie eher verblüfft als in ihrer Kompetenz gestärkt.
Das Lesen von Briefen und Tagebüchern stellt einen gewaltigen Übergriff und Missbrauch des Vertrauens des Kindes dar, das der Mutter zunächst selbstverständlich entgegengebracht wird. Eine solche Erfahrung zerstört dieses Vertrauen. Aber nicht nur das. Es macht auch anderen Personen gegenüber misstrauisch. Das Recht des Kindes auf Intimsphäre und Geheimnisse anzutasten ist ein schweres »Foul« der Mutter. Und es hat auch nicht den erhofften Effekt: Die betroffenen Kinder flüchten, wie die Beispiele zeigen, in Lügen und bauen geradezu ein Doppelleben auf.

Dank ihrer enormen Energie konnte Angela im Berufsleben durchaus Kompetenz und Selbstbewusstsein entwickeln. Sie absolvierte zunächst eine Ausbildung als Krankenschwester, begann dann ein Studium und ist derzeit als selbständige Unternehmensberaterin tätig. Im privaten Bereich sieht es anders aus. Da zeigen die entmutigenden und destruktiven Bemerkungen der Mutter ihre Wirkung, die bis heute anhält:

»Die eine Seele ist die berufliche, da bin ich sehr selbstbewusst. Das läuft routiniert, das sind eingeübte Muster, das funktioniert alles. Privat ist das nicht so, da bin ich eher schüchtern.«

»Ich bin ziemlich irritiert, was mein Selbstbewusstsein betrifft. Sie hat mir jahrelang eingeimpft, ich bin nicht attraktiv, und das sitzt nach wie vor tief drinnen. Bereits vor 15 Jahren, als ich 27 war, hat sie zu mir gesagt: ›Naja, jetzt beginnt dein Busen auch schon zu hängen.‹
Es geht ein paar Tage ganz gut, dass ich mir vom Kopf her sage: Das ist Blödsinn, ich habe ganz andere Erfahrungen. Aber tief in meinem Bauch steckt noch immer dieses unangenehme Gefühl. Sie hat mir einmal gesagt: ›Vergiss nie im Leben, dass du eine kleine, dicke Krankenschwester bist.‹«

Keine Selbstdurchsetzung

Die Dominanz der Mutter hat noch eine weitere gravierende Auswirkung auf das Kind: Die Entwicklung der Fähigkeiten zur Durchsetzung eigener Wünsche und Anliegen und zur Selbstbehauptung gegenüber Ansprüchen und Interessen anderer, mächtiger Personen kommt zu kurz.
Zur Durchsetzung von Wünschen eignen sich grundsätzlich viele Verhaltensweisen. Man kann es mit überzeugender Argumentation, mit Appellen an die Fairness und das Mitgefühl, mit beharrlichem Bitten, mit energischem Verlangen oder mit vielen anderen Varianten probieren. Erlernt wird schließlich das Verhalten, das häufig zum Erfolg führt. Man kann sich vorstellen, welche Bedeutung der Mutter beim Erlernen des Verhaltens, das man zur Durchsetzung von Wünschen braucht, zukommt, ist sie doch beinahe immer die Ansprechperson für die Anliegen des Kindes. Sie gibt die Anreize und Belohnungen. Lernpsychologisch ausgedrückt könnte man sagen: Sie verwaltet die Verstärker. Und sie kann somit auch bestimmen, welches Verhalten des Kindes durch die Erfüllung des Wunsches belohnt (verstärkt) und somit erlernt wird.
Solche Lernprozesse können natürlich auch schief laufen. Es werden dann Verhaltensweisen zur Wunschdurchsetzung angeeignet, die im späteren Leben sehr eigenartig anmuten, wie z. B. Schmollen, unterwürfiges Betteln, Drohen etc.
Das Problem bei der Machtmutter ist aber anders gelagert. Da sie ihre Vorstellungen immer durchsetzt, egal, was das Kind versucht, kommt es zu keinem Lernprozess. Das Fach »Wie setze ich meine Wünsche durch« steht bei der Machtmutter sozusagen nicht im Lehrplan. Angesichts der Aussichtslosigkeit resigniert das Kind oder es weicht aus,

wo dies möglich ist. Diese für das soziale Leben im Freundeskreis, am Arbeitsplatz und in der Partnerschaft wichtigen »Skills« (Fertigkeiten) müssen dann eben später erlernt werden. Oder sie werden gar nicht gelernt.

Keine Selbstbehauptung

Mit Selbstbehauptung ist die Fähigkeit gemeint, seine Person gegenüber den Interessen und Ansprüchen anderer abzugrenzen. Besonders wichtig ist diese Eigenschaft im Umgang mit Personen, die mächtiger sind oder zumindest als mächtiger erlebt werden. Das sind z. B. Lehrer und Vorgesetzte, Personen, die mit staatlicher Autorität ausgestattet sind, aber auch solche, die durch ihr Verhalten angsteinflößend und einschüchternd wirken.

Die erste und für lange Zeit wichtigste mächtige Person ist die Mutter. Das Kind einer Machtmutter lernt sehr früh, dass es gegen machtvolle Personen chancenlos ist, dass es seine eigene Person gegenüber den Ansprüchen und Vorstellungen der Mutter nicht abgrenzen kann. Das Kind lernt keine Skills zur Selbstbehauptung, da alle Versuche gegen die Mutter erfolglos sind. Es kann die Grenzen des eigenen Ichs nicht verteidigen, es ist den Zugriffen von außen ausgeliefert.

Mangelnde Fähigkeit zur Selbstbehauptung ist z. B. eine häufige Ursache dafür, dass Menschen zu Trinkern werden. Sie schaffen es nicht, sich dem sozialen Druck zum Trinken zu widersetzen und Nein zu sagen.

Selbstbehauptung ist eine wichtige Voraussetzung für ein glückliches Leben. Wer zum Spielball der Interessen anderer wird, findet nicht zu sich selbst. Ein Beispiel: Der Chef fragt einen Mitarbeiter, nennen wir ihn Albert, ob er am Wochenende Überstunden machen könnte, um eine wichtige Arbeit abzuschließen. Albert fällt ein, dass er den Kindern versprochen hat, mit ihnen einen Ausflug zu machen, aber er ist nicht in der Lage, seine Interessen dem Chef gegenüber zu vertreten. Er stimmt zu. Nachher tut es ihm Leid und er fürchtet sich schon davor, wie er es seiner Familie beibringt. Es kommt zu einem Streit mit der Gattin und er verspricht den enttäuschten Kindern, den Ausflug nachzuholen und außerdem ihr Taschengeld aufzubessern.

Alles paletti? Sicher nicht. Die Kinder werden nicht zum ersten und auch nicht zum letzten Mal auf diese Weise enttäuscht worden sein. Die nächste Notwendigkeit von Überstunden kommt bestimmt und dreimal dürfen Sie raten, wen der Chef fragen wird. Immer den, der beim Selbstbehauptungstraining zu kurz gekommen ist. Wer als Kind Selbstbehauptung nicht gelernt hat, dem wird es sehr schwer gemacht, dies später nachzuholen, denn dieser Mangel lässt sich von den Mitmenschen wunderbar zu deren Vorteil ausnützen. Erwarten Sie nicht, dass Ihnen jemand hilft, ein Defizit auszugleichen, wenn er/sie von diesem Mangel profitieren kann. Es wäre daher nicht verkehrt, sich zum Training der Selbstbehauptung in professionelle Hände zu begeben.

Für Johannes hätte die mangelnde Fähigkeit zur Selbstbehauptung beinahe dramatische Folgen gehabt, gegen die die Überstunden im vorangegangenen Beispiel harmlos sind. Er erzählt:

»Ich habe in der Schule Theater gespielt. Vertreter einer Laienspielvereinigung schauten dabei immer zu, ob jemand für ihre Gruppe dabei wäre. Eines Tages sprach mich einer von ihnen nach dem Spiel an: Ich hätte ihm gut gefallen und ob ich nicht bei ihnen als Laienschauspieler mitmachen möchte.
Ich war ziemlich schnell als Schauspieler vorgesehen, zuerst in einer Nebenrolle und dann – als einer ausfiel – in einer Hauptrolle. Mein ›Mentor‹ fragte mich, ob ich mir das zutrauen würde, er würde es mit mir üben. Er lud mich dazu in seine Wohnung ein und ging mit mir die Rolle durch. Bei einer klassischen Liebesszene hat er es geschickt verstanden, die sexuelle Komponente zu betonen. Er hat diese Situation benützt, um mich homosexuell zu erregen. Ich habe mich zuerst gesträubt, dann hat es mich überflutet und ich konnte mich nicht mehr wehren.
Es kam zu mehreren solchen Begegnungen. Ich bin immer tiefer in seine Sphäre gezogen worden. Ich wurde hörig. Wenn er gesagt hat: ›Um halb fünf bist du da‹, habe ich gesagt: ›Da wirst du dich täuschen.‹ Aber um halb fünf war ich da.
Bei einer Laienspieltagung hat er die Grenzen schließlich überschritten. Ich habe mich in ein anderes Zimmer gelegt, aber er hat es verstanden, es so einzurichten, dass ich neben ihm zu liegen kam. Obwohl mehrere in diesem Raum geschlafen haben, ist er wieder zudringlich geworden. Da habe ich gesagt: ›Wenn du nicht sofort aufhörst, schlage ich Lärm.‹
Ich habe dann ein Mädchen kennen gelernt. Es war die erste Begegnung mit einem Mädchen als sexuellem Wesen. Dann habe ich ihm widerstehen können. Dann ist mir der Bruch gelungen.«

Machtmutter und Transaktionsanalyse; das Machtspiel

Die psychologische Wirkungsweise der Beziehung der Machtmutter zu ihrem Kind lässt sich besser verstehen, wenn man sie unter dem Gesichtspunkt der Spielanalyse betrachtet, die Eric Berne entwickelt hat. Er untersuchte und analysierte alle Formen von zwischenmenschlichen Kontakten, die Transaktionen. Besonderes Augenmerk legte er auf die so genannten »Spiele«.

Das Spiel ist nach Berne durch folgende Eigenschaften charakterisiert:

- Es besteht aus einer Folge von fortlaufenden Transaktionen.
- Es führt zu einem bestimmten voraussagbaren Ergebnis.
- Die wahren Motive des Verhaltens sind verdeckt.
- Es kommt dabei auf einen bestimmten Nutzeffekt der »Spieler« an.

Dabei darf man den von Berne eingeführten Begriff »Spiel« (game) nicht allzu wörtlich nehmen. Die Verwendung dieses Wortes mag die Assoziation »Vergnügen« oder »Freude« wecken, aber häufig trifft das Gegenteil zu. Es wird in aller Regel ernst gespielt und die Folgen für die Akteure sind meist alles andere als vergnüglich.

Das Spiel, um das es in der Beziehung zwischen der Machtmutter und ihrem Kind geht, heißt Macht. Der Antrieb für das Verhalten der Mutter gegenüber dem Kind ist das Bedürfnis, Macht und Kontrolle auszuüben. Da es sich dabei um kein besonders ehrenhaftes Motiv handelt, wird es kaschiert mit der Sorge um das Wohl des Kindes. Die Mutter will »nur das Beste« für das Kind, allerdings bestimmt sie allein, worin es besteht. Dieses Verstecken des Machtmotivs hinter pädagogischen Erklärungen erfolgt nicht nur gegenüber der Umwelt; die Machtmutter versteckt es auch vor sich selbst. Sie ist sich in der Regel ihres wahren Motivs nicht bewusst und sieht sich selbst als besonders fürsorgliche Mutter.

Die Machtausübung erfolgt mit den bereits beschriebenen Verhaltensweisen der Mutter, indem sie dem Kind gegenüber ihren Willen durchsetzt, ihm Entscheidungen abnimmt, es entmutigt und selten Lob für gelungene Handlungen spendet, körperliche Gewalt anwendet und die Intimsphäre nicht respektiert.

Das Kind reagiert darauf, indem es dem Druck der Mutter nachgibt oder auf kindliche Weise die Mutter umzustimmen sucht (auf die Reaktion »Opposition« gehe ich später noch ein).

Was ist der Nutzeffekt, der Gewinn für die beiden Spieler, der nach

Berne notwendig ist, damit das Spiel fortgesetzt wird? Für die Mutter bedeutet die Reaktion des Kindes eine Bestätigung ihrer Position. Wenn jemand Macht ausübt, braucht er als Bestätigung sowohl das Erleben des Nachgebens des anderen als auch des Widerstandes, der schließlich überwunden wird. Wenn das Kind nachgibt, kann sich die Mutter bestätigt fühlen, indem sie sich sagt: »Was habe ich für ein folgsames Kind, es hat eingesehen, dass ich Recht habe. Ich bin eine gute Mutter.« Wehrt sich das Kind, um schließlich doch zu kapitulieren, so ist das für die Mutter die Bestätigung dafür, dass man, um pädagogisch richtig zu handeln, konsequent sein muss.

Besonders illustrativ ist das Friseur(bei)spiel von Herfrieds Mutter. Das war durchaus raffiniert inszeniert, mit großer Wahrscheinlichkeit intuitiv und nicht bewusst. Gerade dadurch, dass die Mutter (scheinbar) Herfried die Freiheit einräumte, sich die Haare schneiden zu lassen, wie er will, und sie dann das Ergebnis nicht akzeptierte, wobei man sich des Gefühls nicht erwehren kann, dass ihr die Frisur keinesfalls gepasst hätte, gleichgültig, wie sie ausgefallen wäre, konnte sie (sich) sagen: »Das also passiert, wenn ich ihm seinen Willen lasse. Dann kommt er mit so einer unmöglichen Frisur nach Hause. Das zeigt mir wieder, wie wichtig und richtig es ist, dass ich mit dem Friseur darüber rede, wie die Haare zu schneiden sind.« Die Mutter wird gerade dadurch, dass sie (scheinbar) nachgab, in ihrem Verhalten bestärkt. Erleichtert wird ihr dies dadurch, dass ja schließlich sie selbst bestimmt, was eine passende und was eine unmögliche Frisur ist. Herfried hatte gar nicht die Chance, beweisen zu können, dass er in der Lage ist, ohne Eingreifen der Mutter das Richtige zu tun.
Die Folgen des Verhaltens der Mutter auf Seiten des Kindes sind mangelndes Selbstbewusstsein und Selbstvertrauen sowie fehlende Fähigkeiten zur Durchsetzung und Selbstbehauptung. Allgemein könnte man die Reaktion des Kindes als Hilflosigkeit bezeichnen. Diese Hilflosigkeit dient der Mutter als Bestätigung ihres Verhaltens und wirkt als Anreiz, die oben beschriebenen Verhaltensweisen wieder zu zeigen.
Aber auch das Kind muss nach der Theorie von Berne einen Gewinn aus diesem Spiel ziehen, sonst würde es nicht weiter mitmachen. Dieser besteht darin, dass es Schutz und Sicherheit erhält. Wenn beim Kind Ängstlichkeit und Unsicherheit bezüglich der Folgen von Handlungen bestehen, so fallen diese weg, wenn es das tut, was die Mutter verlangt. Dann trägt sie die Verantwortung.
Ein weiterer Nutzeffekt für das Kind besteht darin, dass ihm die Mut-

ter auch unangenehme Dinge abnimmt. Und das ist manchmal recht praktisch. Johannes beklagt einerseits, dass ihm die Mutter zu viel abgenommen habe und er z. B. lange nicht gelernt habe, mit Geld umzugehen, andererseits gesteht er ein, dass er die daraus resultierenden Vorteile genossen habe:

»Wenn ich Konflikte mit meinen Spielkameraden gehabt habe, hat sie immer meine Partei ergriffen und das geregelt, indem sie mit den Eltern oder den Kindern gesprochen hat. Nie kam der Satz: ›Schau, wie du selber damit fertig wirst.‹
Wenn ich in der Schule Probleme gehabt habe, hat sie es verstanden, die Professoren gut für mich zu stimmen. Sie hat dann darauf hingewiesen, dass ich es schwer habe, weil der Vater früh verstorben ist.
Wenn ich etwas Handwerkliches nicht gleich geschafft habe, hat sie zu einem der älteren Brüder gesagt: ›Geh, mach du das.‹
Ich habe lange nicht geglaubt, dass ich etwas zustande bringe. Ich muss aber auch zugeben, dass das manchmal recht praktisch war und dass ich das ausgenützt habe.«

Das ist natürlich Wasser auf die Mühlen der Mutter, und das Spiel geht weiter und weiter. Die Machtmutter ist für das Kind zugleich Problem und Lösung. Sie wird als bedrohlich erlebt, indem sie die Eigenständigkeit nimmt, sie bietet aber auch Schutz und Sicherheit. Ein Teufelskreis.

Die Opfermutter

Macht ist, wie wir gesehen haben, in der Mutter-Kind-Beziehung ein verbreitetes Motiv. Aber es muss nicht unbedingt so laufen wie bei der Machtmutter, die ihr Bedürfnis, das Handeln des Kindes zu bestimmen und zu kontrollieren, offen und mit Nachdruck durchsetzt und dabei auch vor der Anwendung körperlicher Gewalt nicht zurückschreckt. Es geht auch anders. Gewissermaßen hinten herum: Man kann Macht gerade dadurch ausüben, dass man sich nicht als stark, sondern als schwach und hilfebedürftig präsentiert. Oder dadurch, dass man nie von den anderen etwas verlangt, sondern sich ständig für sie aufopfert oder zumindest diesen Eindruck erweckt. Oder auch dadurch, dass man sich nicht in den Vordergrund drängt, sondern sich im Hintergrund hält und das Verlassen durch Weggehen oder gar durch seinen Tod androht.
Die »Mitspieler«, also in unserem Fall die Kinder, haben keine andere Wahl, als das zu tun, was die Mutter von ihnen – nein, nicht verlangt, denn sie würde nie etwas verlangen – bestenfalls wünscht. Warum tun die Kinder etwas, das sie eigentlich gar nicht tun wollen? Der Auslöser für dieses Verhalten ist das schlechte Gewissen. Die Opfermutter produziert ständig Schuldgefühle. Darauf ist sie spezialisiert. Und das treibt das Kind an, ungeliebte, lästige Dinge zu tun, die die Mutter von ihm erwartet. Dabei stellt sich nicht das befriedigende Gefühl ein: »Ich habe etwas Gutes für meine Mutter getan«, sondern bestenfalls die Überzeugung, dass es selbstverständlich war und eigentlich noch zu wenig ist. Man hat seinem imaginären Konto bei der Mutter kein Guthaben hinzugefügt, sondern bestenfalls ein Defizit ausgeglichen. Und das nur zum Teil.

Kränkeln und Leiden

Die Opfermutter verfügt also über ein reichhaltiges Repertoire an Verhaltensweisen, mit denen sie ihr Ziel erreicht. Das am häufigsten angewandte Mittel ist eine Krankheit oder ein Leiden. Dieser Zustand kann wirklich gegeben sein und dazu benützt werden, bestimmte Verhaltensweisen der Kinder zu erpressen. Es kann aber auch eine vorhandene gesundheitliche Beeinträchtigung etwas übertrieben oder aufgebauscht werden, damit sie wirkungsvoller eingesetzt werden kann. Im Einzelfall mag es auch passieren, dass Leiden vorgetäuscht werden oder dass sich psychosomatische Symptome einstellen, wenn man sie »braucht«. Alle Spielarten sind möglich.

Vom Machtmittel Krankheit weiß Linde (60) ein Lied zu singen. Sie litt unter ihrer Opfermutter bis kurz vor deren Tod vor elf Jahren. Linde war ein Einzelkind. Ihr Vater war aus dem Zweiten Weltkrieg nicht mehr zurückgekommen. Sie beschreibt ihre Mutter folgendermaßen:

»Sie war kränklich und gerade dadurch sehr mächtig. Sie hat mich mit ihrer Krankheit manipuliert. Vor allem mit der Luft hat sie Probleme gehabt. Sie war als Kind schon lungenkrank.
Sie hat sich immer benachteiligt gefühlt, von den Eltern, vom Schicksal, vom Herrgott. Sie hat viel geschaffen, war sparsam, aber sie hat sich immer minderwertig gefühlt. Sie hat sich schwer getan, sich zu vertreten, zu sich selbst zu stehen.
Wenn sie neugierig war und etwas wissen wollte und ich habe es ihr nicht gesagt oder wenn sie sich in die Erziehung meiner Kinder einmischen wollte und ich habe es ihr nicht erlaubt, ist sie in ihre Wohnung gegangen (die Wohnung der Mutter grenzte direkt an die von Linde und war nur durch eine Verbindungstür von dieser getrennt, Anm.). Dort hat sie geschluchzt, dass ich geglaubt habe, sie erstickt. Und in der Folge ist sie krank geworden. Sie hat hohes Fieber und Herzschmerzen bekommen. Sie hat mir dann vorgehalten, der Arzt habe gesagt, sie darf sich nicht aufregen.«

Die Mutter von Linde zeigte dieses Verhalten offensichtlich auch anderen Menschen gegenüber, zu denen sie eine enge Beziehung hatte:

»Ich erinnere mich, sie hat einen Lebensgefährten gehabt, als ich in die Volksschule gegangen bin. Wenn in der Beziehung etwas nicht funktioniert hat, hat sie Erstickungsanfälle bekommen. Ich habe Angst gehabt, dass sie stirbt, und auf den Lebensgefährten habe ich eine Wut gehabt, weil ich gedacht habe, er ist schuld.
Es ist öfter vorgekommen, dass sie krank war und sich im Zimmer

eingesperrt und niemand hineingelassen hat, auch den Arzt nicht. Wir haben ihr dann so lange zugeredet, bis sie aufgemacht hat.«

Auch die Mutter von Xaver hatte ein Leiden, mit dem er und die ganze Familie konfrontiert waren. Xaver (39) ist Lehrer und Künstler. Im Zuge einer Ausbildung zum Lebensberater hat er die bereits vor Jahren begonnene Aufarbeitung der Beziehung zur Mutter, einer Lehrerin, intensiviert.

»Es war in erster Linie ihr Rheuma und ihre Gicht. Sie musste wegen dieser Erkrankung sogar in Frühpension gehen, so extrem war sie ausgeprägt. Sie ist nach wie vor in Behandlung und macht alles Mögliche. Schon als ich ein Kind war, hatte sie massive Schmerzen, in erster Linie in den Handgelenken. Sie war ständig mit ihrer Krankheit konfrontiert. Auch uns Kinder hat sie damit konfrontiert. Es gibt andere, die leiden ruhig und leise, ohne dass man es weiß oder die Kinder es wissen. Aber bei uns war das Thema in der Familie, alle hatten den Auftrag, die Mutter zu verschonen und nicht zu belasten.«

Androhen des Verlassens

In Paarbeziehungen dürfte die Androhung des Verlassens eine durchaus gängige Strategie sein, um den anderen unter Druck zu setzen und von ihm Gefühle zu erpressen, so nach dem Motto: »Wenn du mich nicht liebst, wie ich es will, verlasse ich dich.« Je nach dem Grad der Angst vor dem Verlassenwerden und der Glaubwürdigkeit der Drohung wird der Partner bzw. die Partnerin in eine größere oder kleinere Katastrophe gestürzt werden und er oder sie wird sich mehr oder weniger anstrengen, die Verbindung aufrechtzuerhalten. Oder man trennt sich eben. Je weniger abhängig die Partner voneinander sind, desto leichter ist eine solche Trennung möglich.

Ganz anders ist das im Falle von Mutter und Kind. Hier ist die Abhängigkeit so einseitig und gleichzeitig so existenziell, dass das Thema Trennung eine völlig andere Dimension hat. Glücklicherweise stellt es ein seltenes Ereignis dar, dass eine Mutter ihr Kind tatsächlich verlässt.[3] In den Interviews mit Töchtern und Söhnen für dieses Buch werden

[3] Rosie Jackson beschreibt solche Fälle in ihrem Buch: »Mütter, die ihre Kinder verlassen – alles Rabenmütter?«.

dennoch relativ häufig Szenen berichtet, in denen Mütter in verschlüsselter oder direkter Form das Verlassen androhten – dies meist nicht in der Bedeutung von Fortgehen, sondern im Sinne von Verlassen durch den Tod.
Ein solches Erlebnis löst beim Kleinkind mit Sicherheit einen Schock aus, denn es ist von der Mutter (oder der Betreuungsperson) abhängig. Und das Trauma wird umso größer sein, je früher diese Erfahrung erfolgt.

Xaver erinnert sich an Szenen des Verlassenwerdens in der Kindheit:[4]

»Es ist etwas, das mir im Zuge der Aufarbeitung meiner Kindheit immer bewusster wurde. Ich habe die Szenen und Bilder jetzt spontan vor mir: Mutter fährt auf Urlaub, sie will gar nicht mitfahren, aber der Vater nimmt sie mit, drei, vier Wochen, und ich werde bei Großmutter und Tante zurückgelassen. Ich sehe diese Bilder noch vor mir, dieses Beim-Fenster-Hinunterschauen, ich weine und sie weint vielleicht auch, ich weiß es nicht. Diese Momente gab es des Öfteren. Ich erinnere mich, mit ihr gemeinsam bei den Großeltern zu sein, und ich muss dann – warum, weiß ich nicht – früher heimfahren, während sie noch dort bleibt. Immer dieses Auseinander-gerissen-Werden. Ganz massiv war es – da war ich zehn oder elf Jahre alt –, als ich zehn Tage mit einer Blinddarmoperation im Spital war. Da wurde ich quasi täglich verlassen. Sie ist täglich gekommen, bis dann die Schwestern gesagt haben: ›Bitte, Frau B., kommen S' nicht mehr, der Bub ist jedesmal fünf Stunden nicht zu beruhigen, wenn Sie da waren. Es ist besser, Sie kommen nicht, als Sie kommen und gehen dann täglich wieder.‹ Das sind so meine Erinnerungen.

Die ausgeprägteste Form des Mich-Verlassens war ein Ereignis, das sich so zugetragen hat: Ich war damals zehn Jahre alt, sie hat mit dem Vater Streit, der regelmäßig stattgefunden hat. Er kommt spätabends betrunken nach Hause. Ich bin im Nebenzimmer, wie immer bei diesen Auseinandersetzungen, live dabei. Wie ich so im Halbschlaf nichts hören will, aber trotzdem alles höre, läuft sie durch mein Durch-

[4] Es ist anzunehmen, dass den berichteten Szenen des Verlassenwerdens längst solche vorangegangen sind, die nicht erinnert werden können, weil sie in einer frühen Lebensphase erfolgt sind, in der bewusste Wahrnehmung noch nicht möglich war. Aber alle diese Erlebnisse sind im emotionalen Erfahrungsspeicher abgelegt und tun von dort aus ihre Wirkung auf die Psyche.

gehzimmer: raus aus dem Schlafzimmer und durch mein Zimmer in Richtung Küche. Ich bin dann automatisch, ohne es zu planen, aus dem Bett gehüpft, bin ihr nachgelaufen und hab ihr in der Küche das große Küchenmesser, das sie sich angesetzt hatte, aus der Hand gerissen. Das war nicht vom Kopf gesteuert, ich war einfach zufällig gerade da. Und sie hat sich das Messer angesetzt gehabt und ich hab's irgendwie verhindert. Das Messer ist wieder in der Lade verschwunden und am nächsten Tag war wieder alles ganz normal, die Familie ist wieder friedlich beim Frühstück gesessen.
Dieses Ereignis in der Küche war lange für mich gar nicht greifbar und für viele Jahre verdrängt. Als es dann da war und ich mich schon relativ lange damit beschäftigt und schon ganz gut damit gelebt habe, habe ich es ihr gegenüber einmal angesprochen. Das ist jetzt ein paar Jahre her. Ich bin damals auf totales Unverständnis gestoßen. Es war überhaupt keine Bereitschaft von ihr da, sich mit dem Thema noch einmal zu beschäftigen.
Nur am Ende hat sie relativierend gesagt: ›Wenn du haben willst, dass es so war, wird es schon so gewesen sein. Wenn dir leichter ist‹ – weil sie bemerkt hat, dass mir die Kinnlade heruntergefallen ist – ›wenn dir das weiterhilft, wird es schon so gewesen sein. Vielleicht. Also ich kann mich nicht erinnern, aber wenn du willst, war es eben so.‹«

Diese Antwort stellt eine besondere »Feinheit« dar und sie verdient eine genauere Betrachtung, denn sie ist nicht untypisch für die Kommunikation zwischen Opfermutter und Kind. Übersetzt würde sie etwa bedeuten: »Was du da sagst, ist zwar nicht wahr, aber dir zuliebe opfere ich meine Wahrnehmung und gebe dir recht«, oder kurz: »Du lügst, aber ich glaube dir.«
Diese Aussage der Mutter, gleichgültig, ob sie sich an die Begebenheit erinnert oder nicht, bewirkt bei Xaver – und das spürt man im vorangegangenen Zitat – ein Gefühl der Frustration und der ohnmächtigen Wut. Die Antwort ist für ihn völlig unbefriedigend, weil seine Wahrheit nicht bestätigt wird und sich die Mutter gleichzeitig der Auseinandersetzung und Argumentation mit dem Hinweis entzieht, ihm ohnehin zu glauben. Zwei Informationen, die sich gegenseitig ausschließen, ein klassischer Double-bind. Es ist Xaver unmöglich, darauf sinnvoll zu reagieren. Er ist in der Situation gefangen. Er kann sich nicht freuen, denn er wird der Lüge bezichtigt; er kann sich aber auch nicht auflehnen, denn es wird ihm geglaubt.

Auch das Verhalten von Lindes Mutter, die sich, wenn sie gekränkt war, in ihrer Wohnung einschloss und laut schluchzte, fällt in diese Kategorie. Ihre Doppelbotschaft: »Ich brauche euch, lasst mich in Ruhe« war für Linde und ihren Ehemann nicht sinnvoll zu beantworten.

Für Michaela (42) gehören Selbstmorddrohungen der Mutter zur Durchsetzung ihrer Anliegen zu den frühen Kindheitserinnerungen.

»Das waren diese Szenen, als ich als Kind in der Nacht im Bett gelegen bin, meine Eltern Streit hatten und die Mutter aus dem Fenster hüpfen wollte. Der Vater hat sie immer zurückhalten müssen. Da war ich fünf oder sechs Jahre alt, soweit ich mich erinnere.«

Die Mutter ist Lehrerin und dreimal geschieden. Michaela selbst ist Immobilienmaklerin und hat eine 7-jährige Tochter und zwei erwachsene Kinder. Ihre Ehe wurde vor einem Jahr geschieden. Die ersten drei Lebensjahre verbrachte sie bei ihrer Großmutter, einer »gestandenen Bauersfrau«. Dies war deshalb notwendig, da die Mutter bei Michaelas Geburt erst 18 Jahre alt und noch in Ausbildung war. Nur an den Wochenenden konnte sie bei ihrer Tochter sein.
Drohungen wie die oben zitierte setzte Michaelas Mutter auch nach der Scheidung ein, um durchzusetzen, dass eines der Kinder mit ihr nach G. zog. Michaela war damals 15 Jahre alt.

»Ich war eigentlich immer das Mami-Kind (Michaela nannte ihre Großmutter Mami, Anm.), meine Mutter war sehr eifersüchtig, dass ich meine Oma gehabt habe. Ich war eigentlich nicht so sehr ihr Liebling. Ihr Liebling war Martin, mein Bruder.
Nach der Scheidung meiner Eltern hätte also eigentlich der Martin mit ihr nach G. ziehen sollen. Ständig hat sie gesagt, sie hat solche Depressionen, sie hält es nicht mehr aus, sie ist ganz alleine, sie bringt sich um, wenn nicht zumindest ein Kind mit ihr mitgeht. Der Martin hat so geweint, er will das nicht und er mag das nicht. Ja, dann habe eben ich gesagt, dass ich mitgehe. Wieder einmal.«

Aufopfern

Und noch ein weiteres Machtmittel steht diesem Muttertyp zur Verfügung. Es besteht darin, dass er sich für die Kinder aufopfert. Zum

Teil sind das sehr konkrete und wahrnehmbare Opfer, die die Mutter erbringt. Linde berichtet zum Beispiel:

»Sie hat jahrelang für eine Wäscherei gebügelt, um ein Spottgeld, nur damit es mir einmal besser geht, damit ich die Schule machen kann. Sie war sparsam und hat alles auf die Seite gelegt. Ich hätte es nie über das Herz gebracht, sie allein zu lassen.«

Zu einem anderen Teil sind es Opfer, die eher wie eine dunkle, nicht wirklich greifbare Drohung wirken. Dazu auch wieder Linde:

»Ich habe mich schuldig und verantwortlich gefühlt. Die Mutter hat öfters – ich war damals zwei oder drei Jahre alt, eher drei – zu Bekannten gesagt: ›Wie soll es mir schon gehen. Wenn mein Kind nicht wäre, wäre ich nicht mehr da. Da wäre ich meinem Mann nachgegangen.‹«
(Er ist aus dem Zweiten Weltkrieg nicht zurückgekehrt.)

Diese Aussage der Mutter stellt eine Mischung dar aus Androhung des Verlassens und Darstellung des Opfers im Sinne von: »Ich lebe nur für dich.« Und sie hat die Wirkung auf Linde nicht verfehlt. Sie stellt sofort die von der Mutter wohl auch so beabsichtigte Assoziation her: »Ich bin schuld daran, dass sich meine Mutter dieses Leben antun muss, und ich bin auch dafür verantwortlich, dass es für sie erträglich ist.«

Die Opferrolle der Mutter von Xaver ergibt sich allein aus der Person des Vaters. Er lässt seine Frau mit der Sorge um die Kinder allein, indem er viel Zeit im Wirtshaus mit Kartenspiel und Alkohol verbringt, und er ist auch in der Zeit der Anwesenheit keine Stütze. Ein solcher Partner hat zwar viele Nachteile, aber immerhin einen Vorteil: Man kann als Partnerin neben ihm eine Opferrolle etablieren, die Mitgefühl, Zuwendung und Hilfeleistung geradezu herausfordert. Die Mutter von Xaver hat die Situation, ob bewusst oder unbewusst, in diesem Sinne genützt.

»Da fällt mir ein: Von meinem Bruder habe ich erst vor einem halben Jahr gehört, dass sie ganz bewusst diese Konflikte mit dem Vater neben uns Kindern ausgetragen hat, damit wir es miterleben. Sie wollte uns gar nicht verschonen mit diesen Dingen. Ganz im Gegenteil: Sie wollte uns als Zeugen, uns irgendwie mit einbeziehen, uns zeigen: ›Schaut, das ist euer böser Vater, schaut, wie er umgeht mit mir.‹«

Michaela macht deutlich, dass ihr die Opfer der Mutter durchaus willkommen waren, dass sie aber mit den damit verbundenen Konsequenzen nicht klarkam. Zum Teil durchschaute sie sie nicht, zum Teil war sie auch nicht bereit, sie zu tragen. Diese Opfer sehen wie Wohltaten und Geschenke aus, sind es aber nicht. Aus der Zeit ihrer ersten Ehejahre, als sie mit ihrem Ehemann gemeinsam ein Speiselokal führte, erinnert sie sich an folgende Situationen:

»Ja, sie hat mich natürlich auch unterstützt, das muss ich sagen. Sie hat auf die Marianne aufgepasst, sie hat mit den Kindern gelernt, sie hat im Lokal abgewaschen und in der Küche geholfen. Bei allem hat sie geholfen. Das hat sie schon getan, aber der Preis war sehr hoch. Es war einfach ein Abhängigkeitsverhältnis da zwischen ihr und mir.
Auf der einen Seite war es so, dass sie mir sehr viel geholfen hat, auch finanziell, und das war sehr angenehm – sie manipuliert mit Geld und Geschenken, das habe ich auch lange nicht durchschaut. Und auf der anderen Seite war der Druck von ihr da: Sie hat sonst niemanden, außer mir.«

Warum sie ist, wie sie ist

Was ist der Grund dafür, dass sich die Opfermutter so verhält? Der Hauptgrund ist sicher, dass sie selbst als Kind Angst vor dem Verlassenwerden hatte und zu wenig Liebe und Zuwendung bekam. Hinzu kommt die Lernerfahrung: Mit Krankheit und Leiden kann ich mir die Liebe oder zumindest die Aufmerksamkeit der Mutter holen. Diesen Mechanismus wendet die Opfermutter dann auch dem Kind gegenüber an: Sie droht mit dem Verlassen, wie es ihre Mutter getan hat, und sie erpresst vom Kind die Liebe, die sie von ihrer Mutter nicht bekommen hat.

In der Biografie von Lindes Mutter sind sowohl die Angst vor dem Verlassenwerden durch die Bevorzugung der Schwester als auch der angesprochene Lernprozess enthalten:

»Sie hat mir einmal erzählt, dass sie als Kind lungenkrank war und ihre Mutter zu ihr nur lieb gewesen ist, wenn sie krank war. Sonst hat sie sich mehr um ihre ältere Schwester gekümmert.«

Im Volksschulalter war Lindes Mutter wegen ihrer Krankheit für mehrere Monate in einer Lungenheilanstalt. Man kann sich vorstellen, dass auch diese Trennung ihre seelischen Auswirkungen hatte.
Es müssen aber nicht unbedingt frühkindliche Erlebnisse sein, die das Opferverhalten auslösen. Lindes Mutter hatte auch das Verlassenwerden durch ihren Ehemann zu verkraften, der im Zweiten Weltkrieg fiel, als sie 30 und ihre Tochter drei Jahre alt war.
Xaver berichtet von keinen derartigen Erfahrungen aus der Kindheit seiner Mutter, was natürlich nicht ausschließt, dass es sie doch gegeben hat. Sie hatte aber zumindest ein konkretes Erlebnis des Verlassenwerdens zu verkraften: Ihr Ehemann stand ihr als liebender und zuverlässiger Partner nicht zur Verfügung. Er war für sie nicht greifbar, denn er verbrachte viel Zeit im Gasthaus. Und selbst wenn er körperlich anwesend war, war er durch seinen Alkoholkonsum häufig nicht wirklich »da«. Sie musste sich in ihren Hoffnungen getäuscht und als Frau und Mutter im Stich gelassen fühlen. So wurde Xaver, wie wir noch sehen werden, in eine Rolle gedrängt, in der er zum Teil den Vater zu ersetzen hatte.

Die Mutter Michaelas hatte als Kind Situationen der Zurücksetzung und des Verlassenwerdens zu bewältigen:

»Das Problem bei meiner Mutter war folgendermaßen: Sie war, glaube ich, schon das fünfte oder sechste Kind meiner Großmutter und das Kind, das vor ihr auf die Welt gekommen ist, war behindert, mongoloid. Dieses Kind hat sehr viel Aufmerksamkeit bekommen, ein zusätzliches Kind war da zuerst überhaupt nicht erwünscht. Außerdem war Großmutter damals schon über 40 und sie ist dann gestorben, als die Mama zwölf Jahre alt war.«

Stütze der Mutter

Die Verhaltensweisen, die die Opfermutter von den Kindern erpresst, richten sich nach den Defiziten, die bei ihr auszugleichen sind. Im Falle von Xaver ist es so etwas wie das Herstellen eines harmonischen und stabilen Klimas in der Familie und die Bestätigung und Unterstützung der Mutter. Von Linde fordert die Mutter Nähe, Zuwendung und Teilnahme am Leben ein. Diese Verhaltensweisen werden im folgenden Kapitel genauer dargestellt. Sie sind aber nur als Beispiele

für Anforderungen zu sehen, die Opfermütter generell an ihre Kinder stellen.
Xaver hatte also die Funktion, brav zu sein und für ein gutes Klima in der Familie zu sorgen, damit die Mutter sich wohlfühlt und nicht weggeht. Er sah sich dafür verantwortlich und übernahm diese Aufgabe völlig selbstverständlich und ohne das Gefühl, dazu gedrängt worden zu sein.

»Ich habe mich so sehr zuständig gefühlt für ihr Wohl, so sehr verantwortlich gefühlt für ihr Leiden, dass ich ihr sämtliche Taschen getragen habe, immer alles gemacht habe. Immer.«

Wie bereits erwähnt, litt und leidet die Mutter von Xaver in den Händen an Gicht. Auf dem gemeinsamen Schulweg (sie war Lehrerin) trug er in der Volksschulzeit ihre Taschen – ein sicherlich erträglicher Dienst. Man darf dabei aber nicht übersehen, dass er symptomatisch war für ihre Opferrolle und dass Xaver dadurch der Möglichkcit beraubt wurde, mit den Schulkameraden zu toben und zu albern und stattdessen ernste Gespräche mit der Mutter führen musste. Als weitere »Liebesdienste« führt er an:

»Ihr zuliebe besonders lieb und nett sein, wenn Besuch gekommen ist, zum Beispiel irgendwelche Onkel oder Tanten, die man eigentlich nicht mag. Meine Geschwister haben sich alle verdünnisiert, sind durch die Hintertür verschwunden, ich aber habe gewusst, dass sie das überhaupt nicht mag. Und so habe ich – nicht für die Verwandten, sondern für meine Mutter – den Lieben gemacht.

Auch wenn sie es gar nicht verbalisiert hat, sondern nur ganz einfach gezeigt hat, dass sie leidet, dass es ihr schlecht geht, war sie natürlich doch dankbar und froh über meine Hilfen, egal, ob es die harmlosen Kleinigkeiten wie das Schultasche-Tragen waren oder anderes. Die Dinge habe ich nicht gemacht, weil ich mir gesagt habe: Mach das! Ich war nur der, der immer alles gesehen hat. Ich wollte alles unter Kontrolle haben, die Situation überschauen und versuchen, ein gutes Klima zu schaffen, wenn's nicht da war.«

Xaver hatte daneben noch die Funktion, das Verhalten des Vaters, seinen »Ausfall« und seine Lieblosigkeit der Mutter gegenüber zu kompensieren.

»Ich war der Angepasste, der immer entsprochen hat. Ich war der Brave. Die anderen waren schon auch brav, aber ich war eben der, der besonders gut funktioniert hat. Während die Geschwister schon im Kindesalter rebellierten und ihre Kämpfe mit den Eltern schon in der Vorpubertät ausgefochten haben, wie es sich gehört, könnte ich mich nicht einmal erinnern, dass ich in der Pubertät schwierig gewesen wäre. Ich war immer der Liebling der Mama, weil ich ja so entsprochen und mich besonders bemüht habe. Ich habe die Verantwortung auch für solche Dinge übernommen, die mich als Kind maßlos überfordert haben. Ich wollte ganz einfach eine gewisse Stabilität und innere Ruhe in der Familie herstellen. Nur weil der Vater nicht daheim war oder weil die Eltern wieder gestritten haben oder sonst irgendwas passierte.

Als Kind habe ich das sicher nicht so gesehen. Ich habe mir nicht bewusst vorgenommen, dies und jenes zu tun, weil es der Papa nicht tut. Aber unbewusst habe ich es so gemacht. Mein besonders intensives Zuneigung-Geben war immer verknüpft mit dem Verhalten des Vaters: Wenn er besonders, sage ich mal, böse war oder sich rar gemacht hat, dann wurde meine Zuneigung immer größer. Da war ein unmittelbarer Zusammenhang, eine unmittelbare Wechselwirkung zwischen der Beziehung meiner Eltern und meiner Beziehung zu meiner Mutter.«

Und auf die Frage, ob ihn das als Kind belastet habe, sagt er:

»Nein, das hat mich eigentlich nicht wirklich belastet.«

Michaelas Mutter brauchte die Kinder, oder zumindest ein Kind, als Stütze zur Herstellung ihres seelischen Gleichgewichts. Sie wird von der Tochter als hysterisch, egozentrisch und hilflos beschrieben. Michaela geriet dadurch, vielleicht noch ausgeprägter als Xaver, in eine Erwachsenenrolle mit großer Verantwortung.

»Ich habe dann eigentlich in sehr jungen Jahren – wir haben zwischendurch zwar Kindermädchen gehabt, aber meine Mutter hat sich mit diesen ja nie verstanden, die sind immer bald verschwunden und dann war eben manchmal eine neue Hilfe da und manchmal nicht – auf meinen kleinen Bruder aufpassen müssen. Ich habe sehr früh gekocht und den Haushalt gemanagt. Meine Mutter war öfters in der Nervenklinik, sie war immer sehr hysterisch und sie war immer sehr schwierig.
Ja, das war und ist eigentlich bis heute noch so, dass ich für meine

Mutter die Mutter war. Natürlich war ich letztendlich doch das hilflose Kind, denn ich habe ja nichts ausrichten können. Aber ich habe mich trotzdem immer sehr für sie verantwortlich gefühlt. Und ich habe es eigentlich erst im letzten Jahr geschafft, mich loszulösen.«

Die Stütze und den Beistand der Tochter brauchte Michaelas Mutter besonders dann, wenn sie gerade keinen Partner hatte, der diese Funktion hätte übernehmen können. Michaela schildert eine Episode, die sich zutrug, als sie der Mutter nach deren erster Scheidung nach G. folgte:

»Das war auch so eine Geschichte. Ich bin nach einer Sportverletzung am Meniskus operiert worden. Als mich meine Mutter vom Spital abgeholt hat, hat sie gesagt: ›Und das eine sage ich dir gleich: Mein Freund ist mir viel wichtiger als du und für dich werde ich nichts aufgeben, darauf kannst du dich gleich einstellen.‹ Genauso war es dann auch: Ich bin mit meinem frisch operierten Knie in die Wohnung gekommen und sie war eigentlich nie da. Sie war immer bei ihrem Freund. Sie war nur dann da, wenn sie mit ihrem Freund gestritten hat. Dann habe ich sie trösten müssen.«

Michaela war damals 16 Jahre alt. Und auch in den späteren Jahren hatte sie als Stütze da zu sein, wenn die Mutter, die dreimal geschieden ist, gerade wieder Streit mit einem Partner hatte oder eine Trennung verkraften musste.

Warum gerade ich?

Sowohl aus den Berichten von Xaver als auch aus denen von Michaela geht hervor, dass ihre Geschwister keine Opfermutter-Kind-Beziehung hatten. Der Bruder von Michaela, obwohl er das Liebkind war, weigerte sich bei der Scheidung standhaft, mit der Mutter zu gehen, und blieb lieber beim Vater. Die Geschwister von Xaver waren nicht im selben Maße »brav« wie er und sie haben ihre Kindheit völlig anders erlebt.

Wie kommt es, dass ein Kind eine bestimmte Rolle für die Mutter spielt, während die anderen völlig unbehelligt bleiben und ihr Kindsein weitgehend ausleben können? Ein möglicher Grund könnte sein, dass es der Mutter genügt, wenn ein Kind diese Funktion übernimmt. Bei Xaver reicht diese Erklärung aber nicht aus, denn dann hätte schon sein älterer Bruder diese Rolle übernehmen müssen und er wäre »aus dem Schneider« gewesen. So war es aber nicht. Die Funktion, die für die Opfermutter wichtig war, konnte nur ein Kind übernehmen, das sensibel und ängstlich ist. Sensibel, um die Leidenszustände der Mutter zu erkennen, und ängstlich und harmoniebedürftig, um Schuldgefühle zu entwickeln und sich vor dem Verlassenwerden zu fürchten. Darüber hinaus musste sich das Kind für die Leidenszustände der Mutter verantwortlich fühlen. Dafür eignete sich offensichtlich Xaver in besonderem Maße. Der zuvor geborene Bruder war entweder tatsächlich weniger ängstlich oder ein erfolgreicherer Angstverdränger.

Dieses Beispiel macht deutlich, dass nicht nur die Bedürfnislage und das Verhalten der Mutter die Beziehung prägen, sondern dass es schon auch auf die Eigenart des Kindes ankommt. Der Schlüssel der Mutter muss zum Schloss des Kindes passen. Bei Xaver war es der Fall, bei seinen Geschwistern nicht.
Bei einem sensiblen Kind wie Xaver besteht die Entwicklung in der Beziehung zur Mutter darin, dass es lernt, immer rascher und präziser deren emotionale Zustände zu erkennen und darauf zu reagieren. Seitens der Mutter sind immer schwächere Signale notwendig, um das erwünschte Verhalten zu erreichen. Bei unsensiblen und/oder angstverdrängenden Kindern würde der Prozess ganz anders verlaufen. Um nicht auf das Verhalten der Mutter reagieren zu müssen, würden sie (Mit-)Gefühle immer stärker verdrängen. Und die Mutter müsste, um eine Reaktion zu erzielen, den Druck durch immer mehr Leiden, Aufopferung und Androhung des Verlassens verstärken. Wie gut, dass Xaver da war. Er hat dies seiner Mutter und seinen Geschwistern erspart.
Dass es auch bei Xaver nicht immer so glatt gegangen ist und die Mutter sich gelegentlich gezwungen sah, massive Mittel anzuwenden, damit er ihr nicht entgleitet, zeigt die auf Seite 50 geschilderte nächtliche Episode in der Küche.

Die Fähigkeit, Gefühlszustände zu erkennen, die Xaver in der besonderen Beziehung zur Mutter erlernt hat, lässt sich auch in anderen sozialen Situationen nützen. So ist es nicht verwunderlich und eher logisch, dass er, obwohl er zunächst einen anderen beruflichen Weg eingeschlagen hatte, im Alter von 36 Jahren die Ausbildung zum Lebensberater begann.

Wie weit sich die Spirale der immer stärker werdenden Drohungen der Opfermutter drehen kann, wenn die gewünschte Reaktion der Kinder ausbleibt, und wie konsequent das Mitgefühl verdrängt werden kann, um sich nicht erpressen zu lassen, zeigt das Beispiel von Hans (55, Bauingenieur). Seine Mutter hat, wie er berichtet, von ihrer Mutter nie Liebe und Zuneigung erhalten und sie versuchte, diese Gefühle von den Kindern zu erpressen.

»Sie hat immer gedroht, sie geht weg, sie geht in den Wald, sie kommt nicht mehr wieder. Irgendwie war sie gekränkt und hat halt Probleme gehabt. Aber es war schon eine Drohung uns gegenüber. Aus heutiger Sicht glaube ich, sie wollte uns da etwas antun. Sie wollte uns da irgendwie wehtun.«

Und auf die Frage, ob er ein schlechtes Gewissen der Mutter gegenüber gehabt habe, sagt er:

»Nein, wozu ein schlechtes Gewissen? Alles war darauf ausgerichtet, Mitleid zu heischen. Von der Familie hatte niemand Mitleid. Nicht dass ich wüsste.«

Diese Drohungen begannen, als Hans etwa zehn Jahre alt war. Da sie nicht den gewünschten Erfolg hatten, kam es Jahre später zu einer dramatischen Zuspitzung:

»Sie hat sich, als ich 20 oder 21 war, aufgehängt. Ich war derjenige, der sie rechtzeitig vom Strick heruntergeholt hat. Dabei ist bis heute nicht geklärt, ob sie es aus Zufall so kurz vorher getan hat, dass ihr noch nichts passiert ist, oder ob sie erst vom Schlitten herunter gestiegen ist, als ich gekommen bin. Sie hatte einen Zettel auf das Bett gelegt, auf dem stand: Niemand hat mich lieb. Das war für mich irgendwie das Alarmsignal und ich bin auf den Dachboden gerannt.
Ich habe keine Schuldgefühle. Das einzige Schuldgefühl, das ich habe, ist, dass ich sie heruntergenommen habe. Beinhart.«

Diese Reaktion von Hans erscheint extrem hartherzig und gefühllos. Aber sie ist ein Akt der Notwehr gegen die Versuche seiner Mutter, ihn emotional unter Druck zu setzen. Er hat sich die Gefühlsverdrängung als Gegenmittel nicht ausgesucht, sondern sie entspricht seinen Möglichkeiten. Es ist ihm zu wünschen, dass es ihm in anderen Bereichen,

z. B. gegenüber seinen Kindern oder in partnerschaftlichen Beziehungen, gelungen ist, Gefühle zuzulassen.

Verlorene Kindheit

Im Falle von Xaver wird deutlich, dass er sein Kindsein in keiner Phase ausleben konnte. Er übernahm in der Familie Erwachsenen-Funktionen. Es ist bezeichnend, dass er sich dazu nie aufgefordert fühlte, sondern es selbstverständlich getan hat. In seiner Erinnerung hat ihn das als Kind nie belastet. So lebte er lange in dem Bewusstsein, eine glückliche, behütete Kindheit gehabt zu haben.
Er sah aufgrund seiner psychischen Eigenart, insbesondere seiner Sensibilität und seiner Ängstlichkeit, keine Möglichkeit, sich, wie es seine Geschwister getan haben, den Anforderungen der Mutter zu entziehen. Aus dieser Not hat seine Psyche offensichtlich eine Tugend gemacht nach dem Motto: Wenn ich mich schon nicht dagegen wehren kann, mache ich es freiwillig, um es leichter ertragen zu können. Allerdings kann man die Psyche nicht auf Dauer täuschen. Die Überlebensstrategie der Kindheit konnte nicht für das ganze Leben taugen.

»Ich habe wirklich über viele Jahre das Gefühl gehabt, meine Geschwister haben andere Dinge erlebt als ich. Ich habe mich deshalb auch oft gefragt: Wie ist es möglich, dass der Bruder vor mir und die Schwester nach mir ganz ähnliche negative Erlebnisse in der Kindheit gehabt haben, während bei mir, dazwischen, alles eitel Wonne gewesen sein soll? Offensichtlich habe ich mein Leben für mich so zurecht gebogen, dass ich damit umzugehen kann. Aber letztlich habe ich länger gebraucht als alle anderen, um damit umgehen zu lernen.«

Xaver spricht damit den Umstand an, dass er, der »Brave«, das »Schatzerl der Mama«, der als Kind so »entsprochen« hat, heute eine schlechtere Beziehung zur Mutter hat als seine Geschwister. Das mag auf den ersten Blick paradox und ungerecht erscheinen, ist es aber nicht. Denn die Geschwister, die sich »verdünnisiert« haben, die von der Mutter »verschont« blieben, konnten ihre Kindheit und Pubertät ausleben. Xaver hingegen lebte weiterhin mit diesem Defizit. Er zeigt nun, im Alter von immerhin 39 Lenzen, seiner Mutter gegenüber »eigenartige« und gar nicht angepasste Verhaltensweisen.

Er wohnt noch immer unter einem Dach mit der Mutter. Vor kurzer Zeit fasste er den Plan, auf dem Nachbargrundstück zwei Pferde einzustellen. Dieses Vorhaben stieß auf den entschiedenen Widerstand der Mutter, die sich um die Sicherheit der Enkelkinder (elf und zwölf Jahre) sorgte. Sogar der Vater mischte sich ein:

»Ganz massiv kam von meinem Vater der Vorwurf: ›Wenn du das tust, überlebt das die Mutter nicht. Schau, wie schlecht sie gesundheitlich beisammen ist.‹ Und: ›So geht das nicht.‹ Es war für mich ein bisschen ein Justamentstandpunkt, dass ich die Pferde genau auf diese Wiese hinstellen wollte. Vielleicht auch, um auszuloten, wie weit ich machen kann, was ich will. Oder wie weit ich an die Grenzen gehen kann, um zu sehen und zu hören: ›Das kannst du jetzt wirklich nicht machen.‹«

Diese Szene belegt, dass Xaver von der nicht ausgelebten Pubertät eingeholt wurde. Er zeigt nun Verhaltensweisen, die eigentlich wesentlich früher hätten erfolgen müssen. Und er reagiert auch nicht mehr auf die Leidenssignale der Mutter, die ihm vom Vater mehr als deutlich »unter die Nase gerieben« werden. Und weil wir schon vom Vater sprechen: Solange Xaver die Rolle spielte, die ihm die Mutter zugedacht hatte, war der Vater entbehrlich. Durch den neuen Ungehorsam des Sohnes kann er endlich die ihm zustehende Rolle des »Beschützers der Mutter« übernehmen.

Regulierung der »Nähe«

Im Falle von Linde war das von der Mutter gewünschte Verhalten die Nähe zur Tochter und die Teilnahme an ihrem Leben. Ähnlich wie Xaver, der Funktionen des versagenden Vaters zu übernehmen hatte, musste auch Linde ein Vakuum füllen, das durch den frühen Tod des Vaters bzw. Ehemanns entstanden war. Die Mutter war allein. Aber statt sich einen Partner zu suchen, verlegte sie ihre Bemühungen darauf, die Tochter an sich zu binden. Linde klagt:

»Ich wollte nach der Schule nach England gehen, aber das hat sie zu verhindern gewusst mit ihrem Leidendsein und Alleinsein: Ich habe ein schlechtes Gewissen bekommen.«

Ein wahrer »Geniestreich« gelang der Mutter mit der Wohnung. Sie hatte unter großen Opfern eine Garçonniere gekauft, die direkt an die eigene Wohnung grenzte, damit die Tochter später, wenn sie studiert, gleich daneben wohnen konnte. Dazu kam es aber nicht. Linde begann nach dem Schulabschluss zu arbeiten und lernte ihren späteren Ehemann kennen.

»Meine Mutter machte den Vorschlag, dass ich und mein Mann in die 2-Zimmer-Wohnung ziehen und sie die Garçonniere nimmt. Wir haben dem zugestimmt, eine Verbindungstür hergestellt und Bad und Klo gemeinsam benützt.
Mein Mann wollte zunächst nicht zusammenziehen. Ich habe gesagt: ›Dann müssen wir uns scheiden lassen, denn ich kann meine Mutter nicht allein lassen.‹
Ich habe mich auf die Wohnung gefreut, aber vor dem Zusammenleben mit meiner Mutter habe ich schon Angst gehabt. Nicht bei ihr einzuziehen hätte ich nicht geschafft. Damals noch nicht.

Diese Verbindungstür war die Katastrophe, weil Mutter dauernd da war. Sie sagte: ›Ich möchte nur ein wenig mitleben mit euch.‹
Wir haben mehr schlecht als recht nebeneinander gelebt. Kaum ging mein Mann aus der Wohnung, war sie da. Sie war so entsetzlich neugierig. Sie hat die Probleme, die ich mit meinem Mann gehabt habe, sicher mitbekommen. Ich habe aber mit ihr nicht darüber reden können, weil sie mir ja von der Heirat abgeraten hatte. Als ich sagte, dass sie die Tür zulassen soll, war sie gekränkt und krank.«

Linde war oft verzweifelt, aber:

»So stark war mein Trotz gegen sie auch nicht, dass er mein schlechtes Gewissen überwunden hätte. Ein Wahnsinn, wie lange es braucht und was es alles braucht, bis man sich lösen kann.«

Die Ehe ging schief, wobei der Anteil der gespannten Nähe zur Mutter am Scheitern nicht unbeträchtlich gewesen sein dürfte.

In diesem Wohnungsszenario wird deutlich: Linde hat Angst vor der Nähe der Mutter, vor ihrem Einmischen, ihrer Neugier, ihrem destruktiven Einfluss auf die Ehe. Sie schafft es aber nicht, oder zumindest lange nicht, die enge räumliche Verbindung zur Mutter aufzugeben. Dazu waren die Schuldgefühle zu groß. Sie hat also die Wahl zwischen zwei gleichermaßen unangenehmen Alternativen: Ertragen der Nähe der Mutter mit allen negativen Konsequenzen oder Ertragen der Schuldgefühle. Die Verbindungstür wurde zu einem Symbol des Dilemmas: Sie zu öffnen bedeutete die unerträgliche Nähe, sie zu schließen die nicht weniger unerträglichen Schuldgefühle.

Schließlich schaffte es Linde doch, sich von der Mutter etwas zu lösen und in eine eigene Wohnung zu ziehen. Es scheint, dass sie für diesen Schritt erst negative Gefühle gegenüber der Mutter aufbauen oder zulassen musste, damit das Pendel in Richtung Trennung ausschlagen konnte.

»Mit 32, als ich mit meinen Eheproblemen beschäftigt war, habe ich mich langsam von meiner Mutter gelöst. Es war auch ein Stück Zorn da, dass sie so lange Macht über mich gehabt hat. Und auch darüber, dass sie in ihrer Hilflosigkeit so mächtig ist.«

Aber auch über die räumliche Trennung hinweg hatte die Mutter Zugriff auf die Tochter, denn der »Drehknopf Schuldgefühl« funktionierte auch mit einer »Fernbedienung«.

»Ich habe wenig mit ihr telefoniert und sie selten besucht, habe aber immer ein schlechtes Gewissen gehabt. Je länger ich nicht hingegangen bin, desto schwieriger ist es geworden. Es sind dann immer Vorwürfe gekommen: Sie kann sterben und keiner würde es bemerken; wenn es einmal aus der Wohnung stinkt, würden wir schon kommen.
In dieser Zeit habe ich richtige Magenschmerzen bekommen, wenn sie angerufen hat. Ich habe mir dann einige Therapiestunden geleistet.«

Linde fühlte aber nicht nur Ohnmacht gegenüber der Mutter bzw. den eigenen Schuldgefühlen, sie hatte auch so etwas wie ein Allmachtsgefühl, wie sie es selbst nennt:

»Das ist mir erst viel später bewusst geworden, dass auch ich mächtig bin, dass sie von mir abhängig ist. Wahrscheinlich habe ich mir aufgrund dieses unbewussten Handelns meinen Partner ausgesucht (er war Alkoholiker, Anm.), weil ich überzeugt war, dass ich ihn von seinem Leiden befreien kann.«

Auch Michaelas Mutter ging es um die Nähe zur Tochter, um von ihr

Stabilität zu erhalten. Als Michaela heiratete, zog sie nach J., das ca. 80 Kilometer vom Wohnort der Mutter entfernt ist. Wie bereits beschrieben, machte sich die Mutter bei ihren Besuchen durch die Mithilfe im Speiselokal und durch die Beaufsichtigung der Enkelin unentbehrlich. Dieses Opferverhalten, das Michaela durchaus willkommen war, und die Tatsache, dass die Mutter niemand außer ihr hatte, veranlassten sie, ihr im Wohnhaus, in dessen Erdgeschoss sich das Lokal befand, ein Zimmer einzurichten.

»Der Grund, dass ich ihr das Zimmer eingerichtet habe, war ja auch wieder ihre Ankündigung, dass sie sich umbringen muss, weil es ihr so schlecht geht. Da ruft sie dreimal in der Nacht an und sagt: ›Jetzt ist es dann so weit.‹ Ich meine, ich würde heute niemals mehr darauf einsteigen. Aber damals habe ich ihr das Zimmer und alles hergerichtet und ihr gesagt, das ist ihr Platz und sie ist nicht allein.«

Verlassensängste in der Partnerschaft

Ein eindrucksvolles Beispiel für den Zusammenhang zwischen Mutterbeziehung einerseits und Partnerwahl und Partnerbeziehung andererseits gibt Xaver. Sein prägendstes Kindheitserlebnis war die Angst vor dem Verlassenwerden. Dieses Trauma, diesen seelischen Schmerz, den er bei seiner Mutter erlebte, wollte er in der Paarbeziehung unbedingt vermeiden. Seine Strategie, die ihm heute bewusst ist, die er damals aber intuitiv einsetzte, bestand darin, sich eine Partnerin zu suchen, die nicht zu ihm passte und der in seinen Augen Wesentliches fehlte. Da sie ohnehin nicht zueinander passten, würde ihn die vorhersehbare Trennung nicht wirklich verletzen. Nach diesem Selektionsprinzip suchte er sich seine Ehefrau aus:

»Ich habe mir wirklich damals diese Partnerin, mit der ich noch verheiratet bin, – unter Anführungszeichen – ausgesucht, wobei jeder, der mich kannte, die Hände über dem Kopf zusammengeschlagen und gesagt hat: ›Das ist ein Wahnsinn. Ihr seid wie Tag und Nacht. Das kann nicht deine Partnerin sein.‹ Für mich war es tatsächlich so vom ersten Tag an: Sie war eine Partnerin, die in möglichst vielen Bereichen ein Garant dafür ist, dass es nicht passen kann, von beiden Seiten. Ich sehe es heute so: Der Grund war diese Beziehungsunfähigkeit, die Angst vor einer tiefen Beziehung, weil ich ja nicht noch einmal verlassen werden

wollte, diese Verlassenwerdens-Ängste aus der Kindheit. Es war ganz einfach Angst vor einer wirklich echten, tiefen Beziehung. Sie war gerade deshalb die Richtige, weil sie nicht die Richtige war. Wir können überhaupt nicht miteinander. Das Einzige, das nett war, war der Sex. Das hat funktioniert.«

Eine weitere Strategie, die Xaver anwandte, um den Schmerz des Verlassenwerdens in Grenzen zu halten, bestand darin, dass er nicht eine »ganzheitliche« Beziehung anstrebte, sondern dass er seine Bedürfnisse auf mehrere Partnerinnen aufteilte, um so, wenn eine Beziehung in Brüche ging, nicht gleich alles zu verlieren. Er unterhielt »Puzzle-Beziehungen«, in denen eine Partnerin jeweils nur ein Stein war. Auch seine Ehefrau war ein solcher Puzzle-Stein und so war es nur logisch, dass er nebenbei andere Beziehungen aufnahm:

»In gewisser Weise habe ich in verschiedenen Intervallen immer wieder – kontinuierlich fast über die vielen Jahre – außereheliche Beziehungen gehabt, wobei die ganz atypisch waren und nicht, wie man landläufig meint, aus dem Interesse an einer sexuellen Abwechslung entstanden sind. Es waren eigentlich andere Defizite, die ich versucht habe auszugleichen. Es waren meistens sehr tiefe, emotionale Bindungen, die sexuelle Komponente kam mitunter dazu, war aber nie vorrangig. Es waren eher emotionale Defizite, das Verstanden-Werden, das Reden-Können über viele Dinge, die ich in diesen außerehelichen Beziehungen gesucht habe. Ein ganzheitliches Beziehungsleben war für mich nur möglich durch dieses Doppelleben. Und im Grunde waren diese außerehelichen Beziehungen durchwegs solche, die nicht wirklich hätten gefährlich werden können: Auch da gab es keine so komplette Beziehung, wegen der ich die Ehe hätte sein lassen; es waren immer nur ›Ergänzungen‹. Aus heutiger Sicht habe ich immer unbewusst Partnerschaften gesucht, bei denen ich nie und nimmer gesagt hätte: Und das ist jetzt die Frau fürs Leben, da lasse ich alles andere liegen und stehen. Es waren immer nur ergänzende Puzzle-Steine, nicht eine Frau, die in allen Belangen passt, sondern immer nur dort ein bisserl, da ein bisserl.«

Ein weiterer wichtiger Schutzmechanismus vor dem Schmerz des Verlassenwerdens bestand für Xaver darin, bei einer allfälligen Trennung immer den aktiven Part zu übernehmen unter dem Motto: Nicht du verlässt mich, sondern ich verlasse dich. Dazu ist es notwendig, sehr frühzeitig die Gefahr zu erkennen, dass die Partnerin die Absicht hat, die Beziehung zu beenden. Und genau das hat Xaver bei seiner Mutter perfekt gelernt. Er beobachtete ständig ihr Befinden und die Spannungen mit dem Ehemann, um rechtzeitig durch sein Verhalten das Verlassenwerden zu verhindern.

»Ich war immer irrsinnig bestrebt, die Fäden in der Hand zu haben. Im Grunde habe ich immer den aktiven Part in der Trennungsphase übernommen. Und ich war immer derjenige, der, warum auch immer, nicht mehr kam und nicht mehr wollte. Ich wurde nie wirklich verlassen, keine kam dazu, zu sagen: ›Jetzt reicht es mir, ich gehe jetzt.‹

Ein konkretes Beispiel: Das war eine der letzten Beziehungen, in der ich voll und ganz glücklich war und mich wohl gefühlt habe, in der ich keinen Anlass gehabt hätte auszusteigen. Da habe ich gemerkt, dass ein Expartner von ihr ganz massiv versucht, sich wieder in ihr Leben zu drängen. Sie wollte zwar emotional nicht, aber ich habe gemerkt, der ist stark, der ist in Konkurrenz mit mir, der ist auch aggressiv und gefährlich. Was ist passiert? Ich habe gemerkt, dass sie seinem Druck nicht standhält, weil er wirklich aggressiv war und sie bedroht hat. Und was habe ich gemacht? Ich habe mich, was ich vorher nie getan habe, auf die Schnelle in einem Seminar auf eine Frau eingelassen mit dem vollen Bewusstsein, dass ich am nächsten Tag meine Partnerin anrufe und ihr diese Geschichte genau erzähle. Mit voller Härte. Und auch wissend, dass sie dann sagt: ›Und tschüs.‹ Ich habe mich mit vollem Bewusstsein auf eine One-Night-Geschichte eingelassen, damit als Ergebnis übrig bleibt: Nicht du verlässt mich, sondern ich komme dir zuvor. Während ich dabei war, habe ich quasi schon daran gedacht, dass ich am nächsten Tag mit ihr telefoniere. Und das habe ich auch gemacht und sie natürlich voll getroffen. Sie hat dann gesagt: ›Und tschüs‹, und tatsächlich war es dann so, dass drei oder vier Wochen später der Ex-Mann wieder bei ihr eingezogen ist. Die Befürchtung von mir hat sich voll bewahrheitet.«

Aber schließlich kam es, wie es kommen musste. Es passierte genau das, wovor Xaver sich am meisten fürchtete. Er ließ sich in eine Beziehung ein und nicht er, sondern die Freundin beendete diese:

»Vor vier Jahren ist es mir dann doch passiert. Das war wirklich das erste Mal so ein Mich-mehr-Einlassen und mir war klar: Sie erfüllt nicht nur einen Part, in dem Defizite ausgeglichen werden, sondern das

wird eine Rundum-Beziehung. Es wurde auch alles thematisiert, auch die massive Angst vor dem Verlassenwerden. Wir haben deshalb darüber geredet, damit es in unserer Beziehung zu einem solchen Moment nicht *kommt. Und genau die Befürchtung, die ich hatte, hat sich dann bewahrheitet. Da habe ich mich wirklich erstmals sozusagen auf das Glatteis begeben und bin voll ausgerutscht.*

Es war verheerend. Ein halbes Jahr Kampf mit mir und mit den Umständen. Ich war völlig von der Rolle. Ich war in meinem beruflichen und privaten Umfeld völlig durchgeknallt. Ich habe überhaupt nicht erwachsen und gesund und gut reagiert. Da waren auch Suizidgedanken mit dabei. Meine Kinder waren das Einzige, das mich im Leben gehalten und mich vor dem völligen Mich-Wegwerfen bewahrt hat.«

Die sechs Monate nach der Trennung waren für Xaver zwar »verheerend«, es setzte aber auch ein Lernprozess ein.

»Im Nachhinein bin ich dankbar für diese Zeit. Ich denke, dass ich in vielen Dingen reifer geworden bin. Ich habe gelernt, dass ich gut mit mir allein leben kann. Ich habe nicht mehr die Angst, mich richtig einzulassen. Ob ich sie überhaupt nicht mehr habe, weiß ich nicht, sie ist aber in jedem Fall geringer.«

Die Mechanik der Opfermutter

Ich möchte die Beziehung der Opfermütter zu den Kindern von ihrer Wirkungsweise her mit dem respektlosen Begriff »Mechanik« charakterisieren. Dies nicht deshalb, weil sie so einfach wäre im Sinne von »primitiver Mechanismus«, sondern um das gnadenlose Funktionieren und die Zwangsläufigkeit auszudrücken.[5]

Ausgangspunkt für das Verhalten der Opfermutter sind frühkindliche oder auch spätere Erlebnisse des Verlassenwerdens. Dazu kommt die Lernerfahrung, dass man Zuwendung, »Nähe« und Unterstützung

---

[5] Howard Halpern, ein amerikanischer Psychiater, nennt in seinem lesenswerten Buch »Abschied von den Eltern« die unseligen Verquickungen zwischen Eltern und Kindern »Tanzlieder«; eine sehr treffende Bezeichnung, die die ständige Wiederkehr der Tanzschritte und die gegenseitige Abhängigkeit der Tanzpartner, die sich sowohl stützen als auch behindern, ausdrückt.

durch bestimmte Verhaltensweisen, die ich als Opferverhalten bezeichnet habe, erpressen kann. Die Opfermutter verfügt über ein ganzes Repertoire solcher Verhaltensweisen wie Leiden und Kränkeln, Aufopfern und Androhen des Verlassens. Damit ein solches Verhalten der Opfermutter beim Kind tatsächlich Wirkung zeigt und das erwünschte Verhalten hervorruft, müssen bestimmte Voraussetzungen erfüllt sein: Das Kind muss sensibel sein, um die Leidenszustände der Mutter erkennen zu können, es muss sich dafür verantwortlich fühlen und Angst vor dem Verlassenwerden haben.
Das Opferverhalten der Mutter bewirkt beim Kind ein Schuldgefühl, verbunden mit dem Bewusstsein: Ich kann (muss) etwas tun, um den Zustand der Mutter zu verbessern bzw. das Schuldgefühl zu verringern. Und diese »Mischung« treibt es an, ungeliebte, aber von der Mutter erwünschte Verhaltensweisen auszuführen. Das Kind steht vor zwei gleichermaßen unangenehmen Alternativen: Tun, was es nicht will, oder Ertragen der Schuldgefühle.

Erich Fromm schreibt über diese Art der Mutterliebe:

»Alles in allem wirkt eine derart selbstlose Mutter auf ihre Kinder kaum anders als eine selbstsüchtige, ja, die Wirkung ist häufig noch schlimmer, weil ihre Selbstlosigkeit die Kinder daran hindert, an ihr Kritik zu üben. Sie fühlen sich verpflichtet, sie nicht zu enttäuschen, so wird ihnen unter der Maske der Tugend eine Abscheu vor dem Leben beigebracht.« (S. 76/77)

Es stimmt zwar, dass die Mutter das »Spiel« beginnt und von Anfang an dadurch die besseren Karten hat, dass das Kind auf sie angewiesen ist. Doch sobald das Kind »mitspielt«, sind beide in ihrem Verhalten von den Reaktionen des/der anderen abhängig, sie sind beide Opfer und Täter. Sie sind durch Angst (vor dem Verlassenwerden) und Schuldgefühle aneinander gekettet.

Das Dilemma aus der Sicht des Kindes habe ich bereits dargestellt. Aber auch aus dem Blickwinkel der Mutter schaut es nicht besser aus. Sie ist zwar einerseits die Manipulierende, begibt sich aber andererseits selbst in die Abhängigkeit vom Kind. Um das erwünschte Verhalten wie Nähe oder Zuwendung zu bekommen, muss sie Opfersignale aussenden. Zumindest nimmt sie das an, denn sie vertraut nicht darauf, um ihrer selbst willen geliebt zu werden. Und sie wird in diesem Misstrauen immer wieder bestätigt, da ihr die erpresste Zuwendung nur widerwillig entgegengebracht wird. Sie befürchtet, die Nähe des Kindes zu verlieren, sobald sie mit dem Opferverhalten aufhört und es ihr sichtbar gut geht. Wenn z. B. die Tochter zu Besuch kommt und fragt: »Wie geht es dir?«, wird sich die Mutter hüten, zu sagen: »Danke, gut«, denn dann läuft sie Gefahr, dass sie gleich ein »Tschüs« zu hören bekommt oder der Besuch nur von kurzer Dauer ist. Die Mutter ist in der subjektiven Gewissheit gefangen, dass sie opfern und leiden muss, um das erwünschte Verhalten des Kindes zu bekommen. Denn das hat in der Vergangenheit immer funktioniert. Der Zustand: »Das Kind ist freiwillig bei der sich wohlfühlenden Mutter« ist in diesem System nicht vorgesehen.

Die meisten von uns haben sich wohl schon eine Welt gewünscht, in der sich nicht die Starken, Lauten, Aggressiven, sondern die Schwachen, Zurückhaltenden und Duldenden durchsetzen. Aber es ist eine Illusion, dass eine solche Welt humaner wäre. Es würden sich dabei nur die Formen der Machtausübung ändern, die Folgen blieben gleich. Die Herrschaft der Schwachen ist um nichts besser als die der Starken. Fragen Sie die Kinder von Opfermüttern.

Der verdammte AA-Konflikt

Kehren wir nochmals zurück zur Situation des Kindes. Aus seiner Sicht besteht ein Konflikt, den man so darstellen könnte: Es hat eine Abneigung, das von der Mutter gewünschte Verhalten – nehmen wir als einfaches Beispiel einen Besuch – zu zeigen. Gleichzeitig fühlt es sich aber zu dieser Handlung gedrängt, denn dadurch wird ein unangenehmer Zustand, sein Schuldgefühl, gemildert. Solche Konflikte, bei denen gleichzeitig eine Annäherungstendenz (Appetenz) und eine Vermeidungstendenz (Aversion) besteht, werden, nicht überraschend, als Appetenz-Aversions-Konflikte (AAK)[6] bezeichnet. Unser Leben ist angefüllt mit solchen Konfliktsituationen, die eine Entscheidung verlangen: Soll ich oder soll ich nicht? Wenn Appetenz oder Aversion eindeutig überwiegt, ist es relativ einfach. Quälend wird es dann, wenn nur geringe Unterschiede zwischen dem Antrieb zum Handeln und dem zur Vermeidung bestehen. Dann ist es schwierig, zu einer Entscheidung

[6] Über diesen Konflikttyp entwickelte N. E. Miller eine umfassende Theorie.

zu kommen. Und auch nach erfolgter Handlung stellt sich kein Gefühl der Befriedigung ein.

Dazu ein Beispiel: Ein Mann (oder eine Frau) möchte einen Seitensprung begehen. Allerdings rät ihm (ihr) das Gewissen dringend davon ab und droht Schuldgefühle an. Und so ist dieser Mensch schon vor der Entscheidung in einem Dilemma. Aber auch nachher, egal, ob es zur Handlung oder zur Unterlassung gekommen ist, bleibt ein bitterer Nachgeschmack, ein unbefriedigtes Gefühl zurück. Bei erfolgter Handlung müsste das erotische Erlebnis schon gewaltig gewesen sein, um die Gewissensbisse zu übertönen. Und bei unterlassener Handlung bleibt der Selbstvorwurf, eine Gelegenheit zur Selbstbestätigung o. Ä. ausgelassen zu haben. Und wenn kein bitterer Nachgeschmack bleibt, war es auch kein Konflikt. Dann war die Attraktivität des Objektes der Begierde zu gering, um das moralische Gleichgewicht zu stören, oder so groß, dass die Moral keine Chance hatte, die Oberhand zu behalten.
Das Spiel geht so lange weiter, solange die Appetenz größer ist als die Aversion, solange der Antrieb zur Reduktion des Schuldgefühls größer ist als die Abneigung vor der erzwungenen Handlung. Ist hingegen die Aversion stärker als das Schuldgefühl, bleibt die Handlung aus oder es kommt zu einer »billigeren« Ersatzhandlung. Diese könnte z. B. darin bestehen, dass das Kind sich zwar scheut, die Mutter zu besuchen, sie aber stattdessen anruft.

Bei den Kindern von Opfermüttern ist sehr lange das Schuldgefühl bzw. die Aussicht darauf, dass es gemildert wird, stärker als die Abneigung gegen das von der Mutter gewünschte Verhalten. Bei Linde dauerte der Kampf zwischen Schuldgefühl und Wut im Prinzip bis zum Tod der Mutter:

»Sie hat mich sehr lang in der Hand gehabt. Sie hat mich unter Druck gesetzt und nicht ausgelassen. Ich habe mich unter Druck und nicht frei gefühlt bis zu ihrem Tod. Ich habe mich immer schuldig gefühlt.«

»Ich habe mir schwer getan, auf sie Zorn und Wut zu haben, weil gleichzeitig der Gedanke aufgetaucht ist, sie hat es ja nur gut gemeint, sie hat alles getan, sie hat sich geopfert und sie hat ja nur für mich gelebt.«

Die narzisstische Mutter

Der Muttertyp, den wir in den Erzählungen von Angela, Herfried, Johannes und Richard kennen gelernt haben, lebt das Bedürfnis aus, Macht spürbar werden zu lassen. Nicht eine bestimmte inhaltliche Vorstellung, wie das Kind sein soll, stellt bei der Machtmutter den Antrieb des Handelns dar, vielmehr kommt es ihr auf das Durchsetzen gegen den Kindeswunsch als Zeichen der Machtausübung an.

Ich fand bei den Interviewpartnerinnen und -partnern eine andere Art einer ebenfalls dominanten Mutter, die sich in genau diesem Punkt unterscheidet. Ich habe sie als narzisstische Mutter bezeichnet. Dieser Typ scheint ein inneres Bild, eine Vorstellung von der Tochter oder vom Sohn zu haben und ihre Aktivitäten sind darauf ausgerichtet, dessen Realisierung zu erreichen, gleichgültig, ob es dem Wesen des Kindes entspricht oder nicht. Das Ergebnis im Falle der Machtmutter ist ein Mangel an Selbstbewusstsein und Selbstvertrauen seitens des Kindes. Im Falle der narzisstischen Mutter ist es dessen Selbstentfremdung.

Psychoanalytische Erklärung

Für diesen Muttertyp bietet die Psychoanalyse ein perfekt passendes Erklärungsmodell an. Ich will Sie nicht in ein Psychoanalyse-Seminar entführen oder mit typischen Psychoanalytiker-Begriffen bombardieren. Aber ein paar Erläuterungen sind notwendig, denn das ist eines der Probleme der Psychoanalyse: Sie hat für den Normalsterblichen – und dazu zähle ich mich trotz des Psychologiestudiums – den Riesennachteil, dass ihre Sprache oft missverständlich und verwirrend ist. Während man andere wissenschaftliche Begriffe wie zum Beispiel »Kohärenz« versteht oder nicht versteht und im Falle des Nichtverstehens eben nachschlägt oder nachfragt, was er nun bedeutet, glaubt man bei den psychoanalytischen Ausdrücken zu wissen, was damit gemeint ist, weil dieses Wort auch in der Umgangssprache vorkommt, um dann draufzukommen, dass der Autor/die Autorin darunter etwas ganz anderes versteht.

So ist es auch mit dem Begriff »Narzissmus«. Sie kennen vielleicht die griechische Sage von Narzissos, einem Jüngling, der so schön war, dass er sich in sein eigenes Spiegelbild verliebte. Das soll es ja auch noch heute geben und nicht nur unter Jünglingen. Von diesem mythologischen Ereignis leitet sich jedenfalls der Begriff »Narzissmus« her, den Sigmund Freud in die Psychoanalyse eingeführt hat.

Umgangsprachlich meint man damit nichts Gutes. Ein Narziss ist ein Mensch mit übertriebener Selbstbezogenheit, überdimensioniertem und zugleich unsicherem Selbstwertgefühl und der Unfähigkeit, andere Personen zu schätzen und zu lieben. Auch Sigmund Freud verwendete den Begriff zunächst eher in der negativen Bedeutung. Heute signalisiert das Wort »narzisstisch« in der psychoanalytischen Literatur nicht mehr nur diese Verzerrungen und Übertreibungen, sondern auch so etwas wie »gesunden Narzissmus«, d. h. die positiv gefärbten Gefühle, die mit der Vorstellung des Selbst verbunden sind, bzw. den positiven Anteil am Selbstwertgefühl. Narzisstische Eigenliebe ist somit nicht ein Gegensatz dazu, auch andere Menschen schätzen und lieben zu können, sondern, und das wird von Psychoanalytikern immer wieder betont, die Voraussetzung dafür. Nur wer sich selbst lieben kann, ist auch in der Lage, andere zu lieben.

Wie entsteht, nach psychoanalytischer Auffassung, dieser Idealzustand der Selbstachtung und des Wohlbefindens mit sich selbst? Dieser Prozess wird in sehr frühen Phasen der kindlichen Entwicklung angesiedelt. Das Zauberwort heißt »Spiegeln«. Darunter versteht man eine ganze Reihe von Tätigkeiten, die von der Mutter oder eben der in den ersten Lebensmonaten und -jahren verfügbaren Person ausgeführt werden sollen wie z. B. einfühlsame Aufmerksamkeit, Imitation, »Übersetzen« von Äußerungen des Kindes (z. B. Benennen von Gefühlsausdrücken) oder einfach, und darauf hat Heinz Kohut besonders hingewiesen, das Kind in seiner Existenz und Eigenart anzunehmen und es damit in seinem Dasein und Sosein zu bestätigen. Nach Kohut besteht beim Kind und auch beim Erwachsenen das Bedürfnis nach dem Erleben, dass andere Personen von ihm vereinnahmt und narzisstisch besetzt werden können. Er nennt sie Selbstobjekte. Das sind Personen, die einem anderen Menschen zur Verfügung stehen, als wären sie ein Teil seiner selbst, und die ihm Empathie (Einfühlung) und Bestätigung entgegenbringen. Diese Erfahrungen sind seiner Ansicht nach für das Kind zur Regulation des Selbstwertes lebensnotwendig. Auch Erwachsene brauchen, wenn

auch in unterschiedlichem Maße, solche Empathie und Bestätigung zur Stärkung des Selbstwertgefühls.
Man hört und liest immer wieder, dass gerade mächtige Personen – Politiker, Manager, Künstler etc. – sich mit Bewunderern und Ja-Sagern umgeben, mit zahlreichen Menschen, die von ihnen abhängig sind, über die sie verfügen können und die zur Selbstwertregulierung »missbraucht« werden.
Und schließlich umgeben wir uns, wie die Sozialpsychologie nachweist, gerne mit Menschen, von denen wir wissen, dass sie gleiche Ansichten, gleichen Geschmack und gleiche Neigungen haben. Denn bei ihnen ist die Wahrscheinlichkeit groß, dass wir für unsere Meinungen und Entscheidungen eine Bestätigung erhalten. Und das ist gut für den Selbstwert. Allerdings sind nicht alle Menschen in dieser Hinsicht gleich »bedürftig«. Manche halten es eben leichter aus, mit ihren Ansichten auf Widerstand zu stoßen, ohne dass sie deshalb gleich an Selbstwert einbüßen. Man könnte also sagen: Menschen mit einem gesunden Selbstwert sind weniger gezwungen, sich mit Gleichgesinnten und Ja-Sagern zu umgeben.

Die Mutter ist im Idealfall die Person, die in der Lage ist, das Kind in der oben beschriebenen Weise zu spiegeln, ihm zur Entwicklung und Regulation seines Selbstwertes Aufmerksamkeit und Bestätigung entgegenzubringen. Entsprechend dieser Auffassung ist das Spiegeln für ein Kind vor allem deshalb so bedeutsam, weil es ihm die Gewissheit vermittelt, dass seine innere Welt von der Mutter verstanden und akzeptiert wird. Später lernt das Kind, dass die Mutter nicht Teil seiner selbst ist. Diese Ablösung gelingt nach Ansicht der Psychoanalytiker umso leichter, je mehr es zuvor seine narzisstischen Bedürfnisse bei der Mutter befriedigen konnte.
Was ist aber dann, wenn die Mutter dazu nicht in der Lage ist, wenn sie selbst narzisstisch bedürftig ist? Dann kann es dazu kommen, dass das Kind als Wesen, so wie es ist, nicht angenommen wird, sondern vielmehr für die narzisstischen Bedürfnisse der Mutter »missbraucht« wird, dass also das Kind von der Mutter als Teil ihrer selbst erlebt wird, über den sie verfügen kann. Das Kind hätte dann die Funktion, z. B. das narzisstische Bedürfnis der Mutter nach Beachtung und Bewunderung zu befriedigen.

Dieses Konzept kann man noch erweitern, wie es z. B. Alice Miller (1979) getan hat. Die Erweiterung besteht darin, dass das Kind nicht

selbst die narzisstischen Bedürfnisse befriedigt, also z. B. die Mutter bewundert, sondern dass es »instrumentalisiert« wird, d. h., es wird dazu benützt, alles zu tun, damit andere den Wunsch der Mutter nach Bewunderung erfüllen.
Wenn Sie in diesem Zusammenhang an ehrgeizige »Eislaufmuttis« oder ebenso ehrgeizige »Fußballväter« denken, dann sind Sie auf der richtigen Spur. Auch die Superkarrieren von Romy Schneider und Roy Black mit all den tragischen Begleiterscheinungen gehören in diese Kategorie.[7] Aber meist geht es nicht um ein Leben im Rampenlicht, sondern einfach um Fragen der Lebensphilosophie und der Lebensgestaltung. Und die sind für die Betroffenen wichtig, sogar lebenswichtig. Aushängeschilder narzisstischer (eigentlich narzisstisch bedürftiger) Mütter finden sich auch in Ballettschulen, beim Klavierunterricht und in Kleidern, die ganz dem Geschmack der Mutter entsprechen. Das sind gewissermaßen die »milden«, alltäglichen Formen.

Das »innere Bild«

Die narzisstische Mutter hat eine konkrete Vorstellung davon, wie ihre Kinder sein sollen, damit sie die Funktion ausüben können, auf die es ihr ankommt: dass sie in der Lage sind, ihre narzisstischen Bedürfnisse nach Anerkennung, Bewunderung und Bestätigung durch die Umwelt zu erfüllen. Die Kinder werden zur Regulierung ihres Selbstwertes instrumentalisiert. Sie haben einem Image zu entsprechen, mit dem die Fassade, die die Mutter für ihren Selbstwert, für ihre Bestätigung braucht, aufgebaut und erhalten wird.

Manfred (57) stand als Journalist durchaus im Rampenlicht. Seine Geschichte liefert ein illustratives Beispiel für eine narzisstisch bedürftige Mutter. Er beschreibt sie als »absolut egozentrische, liebesunfähige Machtfrau«.

[7] Nicole Kidman sagte, als ihr 2003 der Oscar für die beste schauspielerische Leistung überreicht wurde, sinngemäß: »Mein ganzes Leben wollte ich, dass meine Mutter stolz auf mich ist, und jetzt will ich, dass meine Tochter stolz auf mich ist.« Mit dieser Aussage bewies sie, dass in ihrer Familie zumindest über drei Generationen narzisstische Mutter-Kind-Beziehungen bestanden und vermutlich noch bestehen. Man könnte es ungefähr so übersetzen: Ich habe die Anerkennung und Zuwendung meiner Mutter nur über meine schauspielerischen Leistungen bekommen. Und auch ich schenke meiner Tochter keine Bewunderung, ich verlange sie vielmehr von ihr.

»Ich wurde geboren, um ihr Leben zu glorifizieren. Ich war ein Herzeigekind. Als ich maturiert (das Abitur gemacht, Anm.) habe, musste ich den schwarzen Anzug anziehen und mit ihr durch den Ort gehen, damit sie überall erzählen konnte, dass ich maturiert habe. Ich wurde ausschließlich gemessen am schulischen Erfolg.

Sie hatte eine Vorstellung, wie ich sein soll. Ich hätte das sein sollen, was mein Bruder ist. Klar, sichtbar nach außen. Ein Akademiker und Unternehmer, aber nicht so etwas Unsinniges wie ein Philosoph, sondern etwas, das die Leute merken. Dabei hätte ich jedes moralische Unrecht begehen können, und wenn ich mir den Doktortitel gekauft hätte ...
Es war ein Potemkinsches Leben, ein Fassadenleben. Ob ich innere Befriedigung, Glück empfinde, ist völlig egal. Es kommt nur auf die Fassade an.«

Manfred wuchs in einer ländlichen 1500-Seelen-Gemeinde auf. Nach Abschluss des Studiums (Philosophie und Geschichte) begann er eine überaus erfolgreiche Karriere als Journalist, die ihm Spitzenpositionen und einen hohen Bekanntheitsgrad einbrachten. Er »spielte in der Nationalmannschaft«, wie er selbst seinen beruflichen Höhepunkt beschreibt.

Kris (25), unsere zweite Protagonistin, steht in Bezug auf die berufliche Karriere noch am Anfang. Sie hat auch, wie wir noch sehen werden, derzeit ganz andere Probleme. Sie stammt aus einer gut situierten Familie. Der Vater ist selbständig und führt ein Planungsbüro. Kris studiert ein »Orchideenfach«: Altphilologie. Als sie 15 Jahre alt war, starb ihre Mutter an Krebs.
Kris vergleicht ihre Mutter mit einer Sonne: einerseits energiegeladen und alles spendend, aber andererseits auch versengend. In diesem Bild wird die Doppelgesichtigkeit der Mutter deutlich. Aber auch die Ambivalenz von Kris: einerseits hin zur Sonne, die mir alles geben kann, was ich brauche, andererseits weg von ihr, weil sie mir zu viel gibt, weil sie mein Selbst verzehrt.

»Meine Mutter war wahnsinnig wichtig für mich. Meine Mutter war lange die Hauptperson für mich. Sie war mein bester Freund, in diesem Fall meine beste Freundin. Gleichzeitig schon fast ein bisschen schwesterlich. Irgendwie mich führend. Ich bin mir immer wie in einer

Sackgasse vorgekommen im Leben. Sie hat das ganz gut beherrscht, Leute zu motivieren, mir mittels Gesprächen aus irgendwelchen Problematiken herauszuhelfen, mir Mut zu machen. Ich habe sie echt total geliebt.«

Kris wurde erstaunlich früh bewusst, dass die Mutter versuchte, sie nach ihrem Bild zu formen, ihre eigenen Wünsche, Bedürfnisse und Pläne durch ihre Kinder (Kris hat einen um drei Jahre älteren Bruder) zu verwirklichen, ihren Selbstwert durch das Verhalten ihrer Kinder zu regulieren.

»Vor ein paar Tagen habe ich etwas in mein Tagebuch geschrieben, womit ich jetzt erstmalig etwas losgeworden bin. Und zwar, dass ich mir ziemlich bald, schon mit fünf, sechs Jahren, ein anderes Ich geschaffen habe, eine zweite Kris. Weil ich schon ganz stark gespürt habe – bewusst war mir das wahrscheinlich überhaupt nicht –, dass ich eigentlich einer Rolle entspreche, einem Image. Sie hat mich ganz geschickt geformt, auch gut gefördert, aber irgendwie kann dieses Fördern oft auch eine Manipulation werden.

Also ich habe perfekt funktioniert. Ich war sehr strebsam. Ich habe mir auch leicht getan. Es war unwahrscheinlich wichtig für mich, eigentlich im Gegensatz zu heute, dass ich gute Noten habe. Ich kann mich noch erinnern, mein Vater hat gesagt: ›Geh, tu dir nichts an, wenn du mal einen Vierer oder Fünfer schreibst.‹ Mein Bruder hat mich schon gehänselt: ›Jetzt schreib einmal eine schlechte Note.‹ Ich habe mich da so hineingesteigert, das war so wichtig.«

Dieses schwesterliche Bild drängt sich auch bei der Beschreibung der Mutterbeziehung von Karin auf, einer jungen Frau (25) in der Endphase ihres Medizinstudiums.

»Ich bin immer stolz gewesen auf die gute Beziehung zu meiner Mutter. Das war eigentlich das, was mir imponiert hat. Nach außen hin haben wir uns super verstanden, sind zusammen fortgegangen am Abend, hin und wieder sogar noch mit 16, 17, und haben echt Spaß gehabt. Und man merkt auch, glaube ich, dass das nach außen hin gut ankommt. Man wird fast ein bisschen beneidet darum. Vielleicht habe ich es deshalb als ganz angenehm empfunden.«

Die Manipulation durch die Mutter sollte Karin erst viel später wahrnehmen.

Das »innere Bild«, das die Mutter vom Kind hat, betrifft auch dessen Erscheinung, das Image. Da gibt es ähnliche Verhaltensweisen wie bei der Machtmutter, die Bedeutung ist jedoch eine völlig andere. Bei der Machtmutter stellt das Outfit eine »Spielwiese« für die Machtdemonstration dar. Für die narzisstische Mutter hat die äußere Erscheinung die Funktion, das auszudrücken oder zu unterstreichen, was die Kinder für sie sein sollen.

Manfred erinnert sich mit Schrecken:

»Ich musste anziehen, was meine Mutter bestimmt hat. Das schrecklichste Erlebnis: die Bleyle-Hose, eine gestrickte Hose. Ich war im Dorf der Bürgersohn. Und wenn ich schlimm war, war ich bei den Zigeunern. Heimlich. Das war interessant, aber das durfte ich alles nicht. Ich musste unentwegt die Bleyle-Hose anziehen.«

Man kann sich gut vorstellen, wie sich Manfred mit dieser Hose von seinen Spielkameraden abgehoben hat. Auch die Mutter von Kris bestimmte, was ihre Kinder, und übrigens auch der Ehemann, anziehen:

»Das Einkleiden war eine wichtige Sache für meine Mutter, die ja Mode- und Imageberaterin in unserer Familie gewesen ist. Kleidung war für sie ein ungemein wichtiges Reputationswerkzeug. Es half ihr, den Menschen, die sie modellierte, einen besonderen Glanz oder, wie sie zu sagen pflegte, ›Touch‹ zu geben. Die Klamotten sollten unterstreichen, hervorheben und vor allem mich von den anderen unterscheiden. Kleider sollten unsere Doktortitel ankündigen, unsere Individualität unterstreichen, unseren Stand und Rang in der Gesellschaft widerspiegeln. Dabei vergaß sie, dass man irgendwann auch einmal beginnt, einen eigenen Geschmack zu entwickeln, dabei vielleicht auch ein bisschen experimentiert. Sie hat mich zunehmend verunsichert bei solchen Versuchen: ›Wie schaust denn du aus?‹, oder: ›Wie hast denn du dich hergerichtet, das passt ja nicht zusammen‹, oder ›So gehst du heute?‹«

Und auch Karin blieb nicht »ungeschoren«:

»Meine Mutter ist Friseurin, also hat sie mir die Haare frisiert. Ich habe

immer so ausgeschaut, wie es ihr gefallen hat. Es war schrecklich, mein Äußeres. Ich habe mich damit überhaupt nicht identifizieren können. Sie hat mir alles zum Anziehen gekauft. Ich bin zwar zum Einkaufen mitgegangen, aber ich habe dann nicht viel zu sagen gehabt.«

Mit allen Mitteln

Zur Durchsetzung der Vorstellungen gab es für Manfred auch Schläge, und zwar nicht nur von seiner Mutter, sondern auch vom Vater. Er erzählt von einem Vorfall, der sich im fünften oder sechsten Lebensjahr ereignet hat:

»Die schlimmste Erinnerung habe ich an eine Prozession. Ich wollte so gerne Ministrant sein, denn die haben Theater gespielt. Mein Vater und meine Mutter waren aber irrsinnig antiklerikal. Ich bin trotzdem Ministrant geworden. Heimlich. Als ich einmal bei der Fronleichnamsprozession mitgehen musste, führte der Weg genau an unserem Haus vorbei. Ich habe gewusst, dass ich so quasi auf dem Weg nach Golgotha bin. Ich habe gewusst, meine Eltern schauen beim Fenster herunter und sehen mich. Der Vater hat mich dann aus der Prozession herausgeholt und sie haben mich dermaßen geschlagen oben im Haus, und dann habe ich noch drei Tage Hausarrest bekommen. Schläge hat es bis zur Matura gegeben.«

Die antikirchliche Einstellung und das Verbot zu ministrieren können viele Ursachen haben, sie passen aber jedenfalls zur narzisstischen Mutter. Man könnte überspitzt formulieren: Sie duldet nun einmal keine Götter neben sich. Es bestünde sonst die Gefahr, dass ihr das Kind nicht mehr zur Verfügung steht, dass sie es an die Religion verliert.

Trotz dieser Erfahrungen von Manfred halte ich die Anwendung körperlicher Gewalt nicht für ein typisches Verhalten der narzisstischen Mutter zur Durchsetzung ihrer Vorstellungen. Zum Unterschied von der Machtmutter, die mit Druck und Zwang vorgeht, legt es die narzisstische Mutter viel raffinierter an. Sie verfügt, wie die Mutter von Kris eindrucksvoll beweist, über eine ganze Palette von Möglichkeiten zur Beeinflussung. Man könnte sagen: Die Machtmutter versucht es »mit Gewalt«, die narzisstische Mutter »mit allen Mitteln«.

Manfred bekam z. B. von seiner Mutter durchaus auch Lob und Zuwendung. Allerdings nur dann, wenn er ihre Vorstellungen erfüllte.

»Ich war ein reines Marktwertprodukt. Ich bin zum Beispiel nie in meinem Leben gestreichelt worden. Ich habe nie Liebesbezeugungen bekommen. Nur wenn ich gute Noten gebracht habe, war ich brav. Ich bin als Wesen nie wahrgenommen worden und auch nicht als Persönlichkeit. Da wollte man mich brechen.«

Karin erhielt viel Lob, denn sie war ja stets die »Brave«:

»Ich bin immer sehr viel gelobt worden. Ich war in den Augen meiner Eltern immer brav, wenn ich das mit meiner Schwester vergleiche, die ziemlich viel Mist gebaut hat. Ich habe versucht, ihnen immer alles recht zu machen, und dafür habe ich auch Lob bekommen. Und wenn ich es nicht recht gemacht habe, dann habe ich gelogen: Dann habe ich zumindest probiert, es so dastehen zu lassen.«

Aber Karins Mutter kann auch ganz anders, wenn es nicht nach ihren Vorstellungen läuft. Dabei kommt ihr zugute, dass sie die Tochter (als Teil von sich selbst) sehr genau kennt:

»Es kann mich im Leben niemand so sehr verletzen wie meine Mutter. Ich habe da eine gewisse Immunität meinen Freunden und anderen Menschen gegenüber erlernt. Das versucht man irgendwie. Aber meine Mutter hat noch immer eine verbale Gewalt, die sie auch ausübt. Sie kann mein Selbstbewusstsein bis in den Boden drücken. Bei meiner Schwester hat sie das wirklich extrem betrieben.«

Die Mutter von Kris war offensichtlich eine Virtuosin der Manipulation. Sie war in der Lage, alle Register zu ziehen. Ihr Repertoire reichte von gezieltem Fördern, dem Ausmalen schöner Zukunftsbilder, der Konfrontation mit abschreckenden Beispielen bis zu Gefühlsausbrüchen und konsequenter Strenge.

Kris antwortet auf die Frage, wie ihre Mutter versucht hat, sie zu beeinflussen:

»Viel verstandesmäßig. Viel über die Vernunft. Ich war ein recht vernünftiges Kind. Mit mir hat man reden können. Wo die Vernunft kei-

nen Boden mehr hatte, um Früchte zu tragen, da geschah es mit Vehemenz. Meine Mutter war, wie schon gesagt, sehr temperamentvoll und auch ein jähzorniger Mensch. Die war gleich einmal auf Zweihundert, war aber auch wieder gut und hat verziehen.«

»Es gab aus der Familie meines Vaters eine Person, eine Halbschwester, die Michi. Das war anscheinend ein hysterischer Mensch und irgend so ein Versager. Und Michi war für uns bald ein Schimpfwort. So wie Arschloch oder Trottel. Wenn ich meiner Mutter nicht gepasst habe und es zu Problemen kam, hat sie mich mit Michi beschimpft. Dann hat sie gesagt: ›Du wirst mir nicht so, ich werde dich schon hinbiegen.‹ Das ist wirklich Originalton! ›Das treibe ich dir noch aus‹; diesen Satz habe ich einige Male gehört. Sie hat gemeint, gewisse Charakteranlagen bei mir zu sehen oder so eine gewisse Art, die ihr nicht gepasst hat, die hat sie dann ausgetrieben. Wie? Mit Konsequenz.«

»Meine Mutter hat sehr viel in der Vergangenheit und in der Zukunft gesprochen. Sie hat auch da vorgemalt: Zuerst die Schule, dann geht ihr (Kris und ihr Bruder, Anm.) ins Ausland und studiert. Und sie hat eigentlich oft das, was sie selber gern gewollt hat, irgendwie mit hineingelegt oder mittransportiert.«

Sowohl bei Manfred als auch bei Kris spielte die Entwicklung eines elitären Bewusstseins als Antrieb zu besonderen Leistungen eine Rolle.

Zunächst Manfred:

»Wir sind etwas Besseres, das war ihre Lebensphilosophie. Und das mussten wir auch rechtfertigen. Wir waren die einzigen im Ort, die studiert haben. Wir haben ein Auto gehabt. Wenn gestritten worden ist, hieß es gleich: ›Um Gottes willen, seid leise, damit nur ja niemand etwas hört.‹«

Für Kris begann der Lernprozess für ein elitäres Bewusstsein im frühesten Kindesalter. Und die »Früchte« zeigten sich darin, dass sie nicht in den Kindergarten gehen wollte und sich mit Händen und Füßen dagegen wehrte, mit diesen »dummen Kindern« zu spielen.

»Aber an und für sich hat die Mutter dafür, dass ich mich nicht integrieren konnte, sehr viel Verständnis gehabt und hat mir das immer

erklärt: ›Du bist anders und du bist gescheiter als die anderen.‹ Und kaum hatte ich einen Freund, einen Spielfreund, war es ihr dann auch nicht recht. Sie hat ständig, das fällt mir jetzt gerade ein, über die Leute hinterrücks einen Kommentar abgegeben, wie minder der sei, warum ich stundenlang mit dem spiele, der sei ja eh so dumm. Teilweise hat sie es mir dann auch verboten. Das war irgendwie ambivalent.«

Dieser Hinweis auf die Ambivalenz der Mutter bezieht sich darauf, dass sie einerseits die elitäre Einstellung von Kris förderte, andererseits aber keine Außenseiterin zur Tochter wollte.

»Das war so, als hätte sich – die Geister, die ich rief, die werd' ich nicht mehr los – bei mir bereits im Kleinkindalter etwas verselbständigt, wovor sie dann wirklich Angst bekommen hat: dass ich nämlich zu sehr Außenseiter werde. Das hat nicht mehr in ihr Bild gepasst – zu verschroben oder zu schrullig, kombiniert mit einem vom Verstand dominierten Wesen. Das wäre dann zu offensichtlich, zu abnorm gewesen, gesellschaftlich gesehen. Das Kind, das sich total zurückzieht, das gar nicht mit den anderen kann, passt ihr auch nicht.«

Ausbruchsversuche

Wie bereits erwähnt, nahmen sowohl Kris als auch Manfred sehr früh bewusst wahr, dass sie nicht um ihrer selbst willen geliebt werden, sondern dass diese Liebe von bestimmtem Verhalten (oder eigentlich: Erfolgen) abhängig ist. Dass sie nicht einfach tun dürfen, was ihrem Wesen entspricht, sondern dass sie einer Rolle zu genügen haben. Und es fehlte auch nicht an Versuchen, daraus auszubrechen. Aber welche Chance haben sie gegen eine Mutter, die alle Register zieht, wenn es darum geht, das Kind »auf Linie« zu halten? In dieser Situation bleibt als eine Möglichkeit der Rückzug nach innen.

Manfred berichtet:

»Ich war ein Heimkind. Ich bin ab meinem elften Lebensjahr am Wochenende immer heim gekommen und habe mich nie wohl gefühlt zu Hause, ich wurde beobachtet und – es ist ein starkes Wort – praktisch bespitzelt. Ich durfte nie tun, was ich wollte. Ich bin sofort, eine halbe Stunde, eine Stunde, nachdem ich daheim war, wieder verschwunden.

aber ähnlich. Ich habe mich sozusagen von der Mutter wieder zur Mutter begeben. Eine, die charakterlich einwandfrei und fest und sicher war. Sie war eine ähnlich dominante Persönlichkeit. Irgendwie sucht man das dann.«

Dieses Verhalten von Manfred wirft die Frage auf, warum er es, nach den unbefriedigenden Erfahrungen mit seiner Mutter, nicht mit einem völlig anderen Frauentyp versucht hat. Mit einer, die ihm die Möglichkeit gibt, sein Selbst zu entwickeln, die ihm Freiraum bietet, die aber auch eine von ihm unabhängige, eigenständige Person ist und als solche von ihm akzeptiert wird.
Das wäre sozusagen die ideale Lösung, die Variante A. Und genau die ist ihm verwehrt. Daneben gibt es noch die Varianten B und C, die beide gleich unbefriedigend sind.
Variante B wäre die, die Manfred mit der ersten Gattin gewählt hat. Der gleiche Typ wie die Mutter: bestimmend, einengend, egozentrisch. Es ist der Versuch, mit den schon bisher untauglichen Mitteln das Unmögliche nun mit einer anderen Person möglich zu machen.

Betrachten wir dieses Verhalten unter dem Gesichtspunkt der Lernpsychologie. Üblicherweise werden Verhaltensweisen aufgegeben, wenn sie nicht oder nicht mehr erfolgreich sind, wenn sie keine Verstärkung erfahren. Ist aber die Angst sehr groß, neue Verhaltensweisen, deren Ausgang völlig ungewiss ist, zu probieren, bleibt man bei den erfolglosen alten unter dem Motto: Lieber das bekannte Unglück als das unbekannte Glück, das sich als solches erst erweisen muss.

Manfred sehnte sich zwar danach, sein Selbst verwirklichen zu können, gleichzeitig hatte er aber Angst, sich in dieser Freiheit zu verlieren. Denn durch die bestimmende Art seiner Mutter hatte er nicht lernen können, zu seinen Wünschen und Interessen zu stehen. Die Angst vor der Freiheit, das tun zu können, was er will (und letztlich die Angst vor dem Selbst, das er nicht kennt), war und ist tief eingegraben. Dafür hat schon seine Mutter gesorgt:

»Ich habe von ihr immer das Gefühl bekommen, dass ich nichts bin und dank ihr etwas werde. Aber nur dank ihr.
Ich habe das Gefühl vermittelt bekommen, dass ich grundsätzlich nicht gut bin, moralisch schlecht, wenn ich nicht sie hätte, die mich auf den geraden Weg führt. Und das Gefühl habe ich heute noch.«

Es gibt noch die ebenfalls nicht wirklich befriedigende Variante C, die er mit seiner zweiten Gattin gewählt hat: eine von ihm abhängige Person, die ihn bewundert und ihm jeden Freiraum zugesteht. Dies kommt dem Versuch gleich, das Rad der Zeit zurückzudrehen und ein »Selbstobjekt« zu finden, das sich nicht, wie die Mutter, verweigert, sondern narzisstisch besetzen lässt.

»Ich habe erst jetzt das späte Glück gefunden mit einem entzückenden Weibchen, aber ich bin absolut beziehungsunfähig geworden. Ich kann jetzt mit meiner Frau gut leben, weil sie mich bewundert und alles, was ich mache, o.k. findet. Und es wird alles gemacht, was ich sage.«

Diese Situation fokussiert nochmals das ganze Dilemma, in dem Manfred steckt. Er wurde einerseits missbraucht, dafür zu sorgen, dass die narzisstischen Bedürfnisse seiner Mutter nach Bewunderung und Anerkennung befriedigt werden. Gleichzeitig blieben seine eigenen Bedürfnisse nach frag- und kritikloser Bestätigung und Empathie im Kindesalter unbefriedigt. Er hat nun eine Frau gefunden, die diese Rolle spielt. Er hat in ihr eine Person, über die er verfügen kann und die ihm Bewunderung und Aufmerksamkeit entgegenbringt. Aber es ist, und das spürt Manfred, keine gleichwertige Beziehung, keine Partnerschaft. Es ist die Suche nach der Mutter, wie er sie nie gehabt hat. Selbst wenn ihm heute seine Frau Bewunderung gibt, ist das kein Ersatz für die fehlende bedingungslose Liebe der Mutter. Man kann keine partnerschaftliche Beziehung haben zu einer Person, die man als Teil von sich selbst betrachtet, über die man nach Belieben verfügen kann. Eine reife Beziehung setzt voraus, dass der/die andere eine eigene, von mir unabhängige Person ist und als solche akzeptiert wird.

Auch Kris bewegt sich in ihren Beziehungen zwangsläufig und völlig »systemkonform« zwischen den zwei gleichermaßen unbefriedigenden Varianten: den Partner »überfahren« und narzisstisch besetzen oder sich dominieren und narzisstisch besetzen lassen:

»Bei meinen Beziehungen gibt es zwei Extreme. Entweder ich unterwerfe mich total; dieses dienende, sklavische Verhalten aus einer inneren Leere heraus; eine totale Hingabe, ein Funktionieren-Wollen und die Suche nach Harmonie, wenn es eine starke Persönlichkeit ist. Weil ich die automatisch zu einer Autorität erhebe, die der andere Mensch oft gar nicht ist.

Oder bei schwachen Persönlichkeiten oder bei Persönlichkeiten, die einen unselbständigen Eindruck machen oder sich in ihrer Ausdrucksweise ein wenig zurückhalten, da fahre ich einfach voll drüber. Da sag ich, wo's lang geht. Da habe ich das Gefühl, dem auch einen Weg aufzeigen zu können und ihm zu sagen, was gut und richtig ist, und ›schau‹ und ›mach doch‹; dieses Manipulierende und Motivierende. Einerseits ist es etwas Positives, jemand aufzumuntern, aber man hat ihn dann dort, wo man ihn haben will. Man kann ihn anstellen, aber man kann ihn gleichzeitig wieder abstellen. Ich habe das Gefühl, ich fahre damit ein Programm und nicht ich werde gefahren. Bei allen anderen Persönlichkeiten, mit denen ich das nicht machen kann, da bekomme ich ein bisschen Angst.
Und interessant ist ja eigentlich: Beides befriedigt mich und beides lasse ich nicht wirklich an mich heran. Wobei die zweite Version – also der Typ von Mann, mit dem ich sozusagen mein Programm fahren kann –, die ermöglicht mir so eine Art von Befriedigung, aber letztlich nicht wirklich. Ich weiß ja, dass das alles letztlich von mir initiiert ist. Initiiert und inszeniert. Das ist eine bessere Form – jetzt ganz provokant ausgedrückt – von Selbstbefriedigung. Nur dass da noch ein Zwischenmodul ist – der andere.«

»Selbstbefriedigung« bedeutet in diesem Zusammenhang leider nicht, dass ihr Selbst befriedigt wird, sondern lediglich, dass Kris versucht, sich selbst zu befriedigen.

Nicht ganz so dramatisch klingt es bei Karin. Aber auch bei ihr spürt man den Widerstreit von zwei Bildern, die die Auswahl des Partners bestimmen. Über ihren Freund, den sie im Zuge der emotionalen Distanzierung von der Mutter verließ, sagt sie:

»Ich habe mich nicht gefordert gefühlt von ihm. Das ist wichtig für mich. Ich habe so das Bedürfnis, Respekt vor meinem Partner zu haben. Sobald ich merke, dass ich ihn unter Kontrolle habe, bin ich es nicht. Ich muss irgendwo schon gefordert werden. Und das war ich eben nicht.«

Sie sagt, sie habe den damaligen Freund, der eher ziellos und antriebslos war, führen müssen.

»Das war irrsinnig anstrengend. Ich habe ihn immer getrieben zu Akti-

vitäten, zum Sport, zum Bergsteigen. Ich war immer der treibende Faktor. Das laugt aus und strengt an. Nie hat man Zeit, dass man locker lassen kann und selber einmal getreten wird.«

Der derzeitige Freund ist offenbar das Gegenteil:

»Der gibt ziemlich Gas. Ich habe manchmal so meine Mühe, da mitzukommen, auch vom Körperlichen, vom Sportlichen her. Das macht mich hin und wieder auch müde, aber ich habe in meinem Leben noch nie so viel erlebt wie in den letzten drei Jahren.«

Auch bei Karin schwingt das Pendel zwischen treten und getreten werden, zwischen kontrollieren und kontrolliert werden, zwischen antreiben und getrieben werden. Dazwischen gibt es offensichtlich nichts.

Auf der Suche nach dem Selbst

Obwohl Manfred zum Teil ausscherte und »so etwas Unsinniges« wie Philosophie und Geschichte studierte, ist seine berufliche Karriere letztlich doch ein Abbild der Vorstellungen seiner Mutter. Die Fassade hat gestimmt. Sie kann eigentlich sehr stolz auf ihn sein (und mehr noch auf sich selbst). Manfred lässt auch keinen Zweifel daran, dass der Antrieb in seiner Karriere von der Mutter ausging.

»Ich wollte ihr immer entsprechen. Ich wollte ihr immer beweisen, wie gut ich bin. Ich tue das heute noch.«

»Ich habe das Glück oder Pech gehabt, in einem Beruf zu arbeiten, wo ich mit meiner geliehenen Kompetenz, meiner Prominenz behandelt worden bin. Ich musste mein Ich nie hinterfragen. Seit einigen Jahren suche ich nach dem Wesentlichen und komme darauf, dass ich selbst viel zugeschüttet habe. Ich habe mitgespielt, ich habe selbst dieses Fassadenleben gesucht und konnte mich auf diese Art tot stellen.«

»Ich bin auch auf Glamour und Glitzer aus. Und das wirklich Wesentliche meine ich, erst jetzt im Alter zu begreifen, zu ergreifen und ein bisschen danach zu leben.«

»Ich habe das Fassadenleben gebraucht, solange ich meiner Mutter

etwas beweisen wollte. Ich habe alles bewiesen. Ich war in meinem Job in der Nationalmannschaft. Ich habe von jedem Steak gegessen. Ich brauche das nicht mehr. Ich habe für mein Gefühl bewiesen, dass ich dort, wo ich es wollte, alles erreicht habe.«

Heute, im Auslaufen seiner beruflichen Karriere, in der er in seinen Augen und in denen der introjezierten Mutter alles erreicht hat, heute erst, nachdem er diese »Schuld« abgetragen hat, gesteht er sich andere Ziele und andere Wertigkeiten zu. Er kann guten Gewissens sagen: »Mutter, ich habe deinen Auftrag erfüllt und nun beschäftige ich mich mit meinem Selbst.« Ob es gelingt, ist noch völlig offen. Auf alle Fälle ist es sehr spät. Es scheint, als habe er die Loslösung von seiner Mutter erkauft, indem er ihre Ziele verwirklicht hat.
Er lässt durchblicken, dass er zwar viele der Annehmlichkeiten seines beruflichen Erfolges und seiner Prominenz genießt, doch mit dem gewählten Weg (hat er ihn überhaupt gewählt?) nicht glücklich und eigentlich ein »Zerrissener« ist.

»Sie hat mir das Gefühl gegeben, das Leben ist ein Schlachtfeld und jeder will dich umbringen. Ich muss da durch. Lebensmisstrauen. Und ich habe leider viel zu viel materielles Bewusstsein. Mein Leben spielt sich ab im stetigen Kampf zwischen intellektuell-metaphysischem, kreativem Sein und materieller Angst, die ich stetig habe.
Sie hat mir, wenn man will, Pflöcke zwischen die Füße geschraubt, die dafür sorgen, dass ich mich nicht erheben kann, nicht fliegen kann. Das konnte ich nie.«

Bei Manfred erfolgt die Suche nach dem Selbst im Windschatten einer, zumindest nach äußerlichen Kriterien, erfolgreichen beruflichen Karriere und einer nicht unglücklichen Partnerschaft. Sie hat eher philosophischen Charakter. Ganz anders bei Kris. Bei ihr ist dieser Prozess drängend, existenziell. Durch den frühen Krebs-Tod der Mutter erfolgte ja keine Lösung des Problems, es wurde nur noch deutlicher, noch schärfer konturiert. Die Vorstellung, dass mit dem Ableben der Mutter auch deren Ansprüche an Kris enden, ist völlig unzutreffend, denn die Mutter ist in ihrem Kopf. Und Kris hat deren Wünsche und Anforderungen längst internalisiert.

»Das waren die schlimmsten Momente in diesem einen Jahr, als sie so plötzlich schwer krank geworden ist. Da bin ich an ihrer Bettkante ge-

sessen und sie hat immer gesagt: ›Gell, du brauchst mich noch.‹ Sie hat diese ganz ausgezehrten Hände und Finger um meinen Arm gekrampft und ich hab nicht Ja und nicht Nein gesagt. Hätte ich Ja gesagt, wäre ich eine Lügnerin gewesen. – Mit 15 ist man ziemlich ehrlich. Brutal ehrlich. Ich wollte nicht sagen: ›Ja, ich brauche dich noch‹, denn ich habe sie ja nicht mehr gebraucht. Ich wollte sagen: ›Nein, Mama, ich brauche dich nicht mehr, bitte stirb endlich.‹ – Wenn ich Nein gesagt hätte, dann hätte ich mir wahnsinnige Vorwürfe gemacht. Ich wollte ihren Halm, ihren ganz dünnen Strohhalm nicht rauben.«

In dieser Szene ist die ganze Ambivalenz, die Kris ihrer Mutter gegenüber hat, enthalten: »Ich brauche dich, denn ich bin dein Geschöpf. Ich will dich nicht, denn du würdest mir nie die Chance geben, zu mir zu finden.« Es ist darin aber auch das Missverständnis der Mutter enthalten: Sie klammert sich daran, dass Kris sie braucht. Aber in Wahrheit hat immer sie die Tochter gebraucht. Und sie hat sich nie von Kris gebrauchen lassen.

»Ich versuche zu lernen, das Leben nicht ständig als ein Spiel, als eine große Inszenierung, als eine Show zu sehen. Ich schaffe es noch nicht. Es ist ja bloß einmal ein Weg, ein Ansatz. Das heißt nicht, dass ich jetzt davor gefeit bin oder es schon beherrsche.
Ich mag das Leben nicht als Show sehen. Meine Mutter hat vorgegeben, perfekt und irrsinnig lebensbejahend zu sein. Alles hat funktioniert bei ihr. Sie hat einen großen, tollen Mann gehabt. Sie hat zwei gesunde, fesche und gescheite Kinder gehabt, die gut in der Schule waren. Es war eine gewisse Saturiertheit da, eine gewisse Form von Wohlstand. Und trotzdem: Es war irgendwie eine große Selbstinszenierung. Ich habe gelernt, mich an dem Spiel zu beteiligen und es immer wieder neu zu inszenieren.
Wer war ich denn? Ich habe gesehen – plötzlich, mit 17 oder 16 bin ich darauf gekommen –, dass das alles schon so gut funktioniert. Ich bin schon erfolgreich. Aber das ist alles außen; innen hat es gebrodelt. Es ist, wie wenn du einen faulen Balken hast und du schmierst dann eine Patina drüber. Von außen war das – pah, toll. Und die Leute haben sich von dieser Fassade ja auch blenden lassen. Aber drinnen hat es in Wirklichkeit gegärt.«

Es ist schwer, sich von einem Lebensstil zu lösen, den man zwar innerlich ablehnt, den man aber so gut beherrscht, der Sicherheit und Erfolge vermittelt, und das ohne Anstrengung. Und wogegen sollte man ihn schließlich eintauschen?

»Das ist das Hundsgemeine an der Routine, wenn du jahraus, jahrein irgendwie konditioniert bist auf etwas und funktionierst, dass es dir ja irgendwie eine ›Funktionslust‹ gibt. Es gibt auch Befriedigung und auch Sicherheit. Das schaukelt schon so super dahin. Das kann ich schon so gut. Aber es ist immer so ein Ausweichen.
Ich habe irgendwie Angst, zu sein, was ich bin. Ich bin noch immer in so einer Art Geburtsprozess drinnen. Oder auch in einer Art von Pubertät. Es ist oft so schwierig, das zu sein, was ich bin, oder das einmal zuzulassen. Was ich bin, weiß ich noch gar nicht.«

»Vor der neuen Kris habe ich ein bisschen Angst. Das ist so eine unberechenbare Sache. Ich habe Angst vor dem, was passiert, wenn ich ich bin. Das klingt jetzt so blöd. Ich weiß nicht, ob du was damit anfangen kannst.«

Karin machte keine Ausbruchsversuche in ihrer Kindheit, sie war nie »schwierig« oder »stur«. Bis zu ihrem 19. Lebensjahr war sie der Meinung, eine besonders gute Mutterbeziehung zu haben. Und das stimmte ja auch, denn bis dahin hatte sie nur die lobende, bestätigende Mutter kennen gelernt. Kein Wunder: Karin tat alles, um den Anforderungen zu genügen, und sie war überzeugt, dass sie das, was sie tun sollte, auch selbst wollte. Bei ihrer Schwester Bettina war es von vorneherein anders gelaufen:

»Meine Mutter und meine Schwester haben sich eigentlich nie gut verstanden. Meine Schwester ist immer als ziemlich stur bezeichnet worden, sie hat ihren Kopf durchgesetzt und hat ihre schlechten Erfahrungen selbst gemacht, wie es meine Mutter bezeichnet hat. Meine Mutter hat probiert, mir das abzunehmen. Und ich habe mir gedacht, ich bin klug, indem ich meine Erfahrungen eben nicht selbst mache.
Meine Schwester hat auch oft mit mir darüber geredet, über die Beziehung zu meiner Mutter. Und sie war wirklich hart, meiner Meinung nach. Sie war beinhart in der Beurteilung und sie hat beinhart über meine Mutter geredet. Mir hat das immer ziemlich weh getan. Ich habe das eben lange nicht wahrhaben wollen und habe die Fehler bei meiner Schwester gesucht. Ich habe gedacht, sie ist eben stur und kann mit der Mutter nicht auskommen.«

Bettina, die erstgeborene Tochter, war für die Rolle, die ihr die Mutter zugedacht hatte, offensichtlich nicht geeignet. Sie widersetzte sich, wurde zum »Problemkind« abgestempelt und musste zusätzlich noch als abschreckendes Beispiel für die Schwester herhalten. Aber obwohl Bettina nicht im erwünschten Sinn mitspielte, hatte sie dennoch nicht die Möglichkeit, ihr Selbst zu entwickeln: Es blieb beim Versuch, ein Gegen-Ich zu den Anforderungen der Mutter aufzubauen.
Karin musste mit 19 Jahren den Kokon, die abgeschirmte Atmosphäre des Elternhauses verlassen, um in der 150 Kilometer entfernten Universitätsstadt ihr Medizinstudium zu beginnen:

»Die Probleme haben erst vor ungefähr vier Jahren angefangen, kann man sagen. Bis dahin war ich immer die Brave, habe getan, was die Mutter mir gesagt hat. Die Eltern waren für mich als Kind unfehlbar. Ich hatte das Weltbild meiner Eltern vollkommen angenommen, ich habe wirklich gespurt.
Dann habe ich begonnen, Sachen zu hinterfragen. Ich bin jetzt seit über sechs Jahren in G. und irgendwie bin ich hier eigenständig geworden. Ich habe bemerkt, dass ich auch andere Interessen habe. Und dass ich mir vom Leben etwas anderes erwarte: einen anderen Lebensstil, wohin ich überhaupt steuern will, wie ich meine Freizeit verbringe, wie meine Wohnung aussehen soll, wofür ich mein Geld ausgebe, wann, wie und ob ich Kinder haben werde, meine Einstellung zur Religion, zu meinem Leben allgemein.
Dann kam der Bruch mit meinem damaligen Freund, was meiner Mutter missfallen hat. Das war ganz interessant: Ich habe mich irgendwie verabschiedet von meinem alten Ich, weil ich nicht mehr so sein wollte. Und da hat eben auch der Freund dazu gehört. Meinen neuen Freund hat sie nicht akzeptiert und von da an haben wir uns – wirklich von einem Tag auf den anderen – nicht mehr verstanden.«

Jetzt war klar: Die Vorstellungen der Mutter und das Selbstbild von Karin stimmten nicht mehr überein:

»Ich darf alles andere, nur nicht meinen eigenen Interessen nachgehen. Ich muss der Gesellschaft ein tolles Bild von mir bieten. Stress, Bluthochdruck, Herzinfarkt mit 40, genau das muss ich erfüllen, weil das versteht die Gesellschaft unter einem erfolgreichen Menschen.
Sie will – so kommt mir das vor – oft prahlen mit mir und deswegen muss ich das Bild erfüllen, das die Gesellschaft von mir verlangt. Meine

Meinung sieht aber anders aus. Ich brauche nicht unbedingt in der Masse zu schwimmen, ich sportle gern, ich bin gern in der Natur und ich meide eher gesellschaftliche Anlässe. Und das passt ihr eben nicht.«

Und das Selbst der Mutter?

Der Grund für das Verhalten der narzisstischen Mutter wird von Psychoanalytikern darin gesehen, dass sie selbst als Kind nicht so angenommen wurde, wie sie war, und daher Defizite in ihrem Selbstwert aufweist, eben narzisstisch bedürftig ist. Kris machte im Interview auf eine weitere Ursache aufmerksam, die gerade für Frauen in der heutigen Zeit von Bedeutung ist:

»Sie hat sich ja fast mit mir identifiziert. Und sie war so wahnsinnig stolz. Ich meine, sie hat das ganz cool gemacht; nicht wie die aufgeblähte, stolze Mama, sondern eher indirekt. Sie hat sich eigentlich immer mehr aus ihrem Leben zurückgezogen und unseres mitgelebt.

Was mir ganz wichtig ist und wozu ich manchmal Lust hätte? Ich möchte, dass sie jetzt einmal da wäre. Ich würde ihr gerne Sachen ins Gesicht sagen ... Ich würde sie fragen: ›Warum das Ganze? Warum diese ganzen kleinen, verworrenen Spielchen? Warum dieser wahnsinnige Energieaufwand, die ganze Show so am Laufen zu halten?‹ Mich hat sie ja nicht wirklich ganz geschafft. Ich war zwar lange genug ein guter Protagonist in ihrem Stück, aber sie selbst, sie hat sich selbst um wahnsinnig viel gebracht in ihrer Entwicklung, denke ich. ›Warum bist du eigentlich gegangen? Warum hast du den Tod gewählt?‹ Den hat sie teilweise sehr herbeigesehnt, anstatt den Mut zu haben, sich weiter zu entwickeln oder auszubrechen.«

Kris sieht also den Grund für das Verhalten der Mutter darin, dass sie nicht den Mut aufbrachte, ihr Leben zu leben, und stattdessen die Kinder darauf programmierte, es für sie zu tun.
Ich kann nicht beurteilen, ob es wirklich mangelnder Mut war, der die Mutter von Kris hinderte. Ich glaube, dass sie, wie viele Frauen, vor der Entscheidung stand, Kinder zu haben und Mutter zu werden oder sich als Mensch zu verwirklichen mit all den Plänen, Wünschen und Träumen. Sie hat sich für das eine entschieden, ohne das andere aufzugeben. Ob bewusst oder unbewusst, hat sie ihre Bedürfnisse, Wünsche

und Pläne, die sie als Frau gehabt hat, auf die Kinder übertragen, damit diese sie an ihrer Stelle verwirklichen. Und was ist das Ergebnis? Kinder, die nicht ihr Selbst entwickeln konnten. Und eine Mutter, die – aus ihrer Sicht völlig berechtigt – in dem Bewusstsein lebte und starb, ihr Leben »in aller Liebe« den Kindern geopfert zu haben. Und sie muss sich – ebenso berechtigt – den Vorwurf von Kris gefallen lassen: Warum hast du nicht dein Leben gelebt und mir meines gelassen?
In dieser schwierigen Entscheidungssituation, Mutter zu sein oder sich als Mensch zu verwirklichen, kann die narzisstische Mutter-Kind-Beziehung jedenfalls nicht der Ausweg sein.

Man muss aber auch sehen, dass an der narzisstischen Mutter sehr viel Positives ist. Es ist ja nicht so, dass sie sich um das Kind nicht kümmern und es vernachlässigen würde. Ganz im Gegenteil. Und was soll schlecht daran sein, dass die Mutter sich Gedanken um die Zukunft des Kindes macht, notfalls auch Druck ausübt, damit es nicht auf die schiefe Bahn gerät, dass aus ihm »etwas wird«?
Was soll schlecht daran sein, dass die Mutter stolz ist auf ihr Kind, sich mitfreut und auch vom Glanz dieses Erfolges etwas abbekommen will?
Zweimal nichts. Das wären nur allzu natürliche Reaktionen einer Mutter. Die Grenze zwischen starker Mutter und narzisstischer Mutter ist aus meiner Sicht dort zu ziehen, wo das Wesen des Kindes geopfert wird. Das kann auch schon passieren, wenn die Mutter nach ihrem eigenen Empfinden gar keinen Druck ausübt. Denn Kinder, und ganz besonders die sensiblen unter ihnen, erahnen und erfühlen die Wünsche, Ängste und Pläne der Mutter und passen sich ihnen auch gegen die eigenen Bedürfnisse an, nur um die Liebe nicht zu verlieren.

Exkurs über »Delegation«

Helm Stierlin, einer der Pioniere der Familientherapie in Deutschland, beschäftigte sich ausführlich mit dem Phänomen, dass Eltern dem Kind Aufgaben übertragen, die nicht seiner altersgemäßen Entwicklung oder seinem Wesen entsprechen. Wenn z. B. die Opfermutter das Kind »beauftragt«, für ihr seelisches Gleichgewicht oder ein stabiles Klima in der Familie zu sorgen, stellt dies eine Überforderung dar. Auch die Aufträge der narzisstischen Mutter, mit denen sie Wünsche, die für sie unerfüllbar sind, auf das Kind überträgt, fallen in diese Kategorie. »*Wenn es sich um das Ich-Ideal des betreffenden Elternteils handelt, wird das*

Kind ins Leben hinausgesandt, um die unerfüllten Strebungen von Vater oder Mutter zu verwirklichen, also der berühmte Schauspieler, Forscher, Arzt, Finanzlöwe, die Sportgröße zu werden, d. h. Karrieren zu vollbringen, die diesen selbst unerreichbar waren.« (Stierlin, 1982, S. 25)

Stierlin bezeichnet diesen Vorgang der Übertragung von Aufgaben als »Delegation«. Das Kind wird wie ein Delegierter ausgesandt und mit einer Mission betraut. Damit weist er auf die besondere Dynamik dieses Vorgangs hin: Es ist ein Unterschied, ob jemand eine Rolle spielt oder eine Mission erfüllt. Eine Rolle kann relativ leicht verändert und unter Umständen auch aufgegeben werden. Bei einer Mission besteht eine besondere Loyalität und Verantwortung gegenüber der »Auftraggeberin«. Die beauftragte Person, in unserem Fall das Kind, kann sich, wenn überhaupt, nur unter schwersten Schuldgefühlen der Mission entziehen. Stierlin spricht in diesem Zusammenhang von einer »Ausbruchsschuld«. Neben der persönlichen Loyalitätsbindung ist nach diesem Konzept der Aspekt der »seelischen Ausbeutung« kennzeichnend für die meisten Missionen.

Stierlin beschreibt verschiedene Formen von gestörten Delegationsprozessen, die sich gut mit den Muttertypen in Beziehung setzen lassen. Grundsätzlich kommt es dann zu einer Störung, wenn das Kind zwar einen Auftrag erhält, aber nicht ausgesandt wird, sondern an die Mutter gebunden bleibt. Ein solcher Fall liegt vor, wenn das Kind in seiner Entwicklung zur Selbständigkeit behindert und »infantilisiert« wird, wie es für der *Machtmutter* charakteristisch ist. Oder das Kind wird mit nicht kindgemäßen Aufgaben betraut, wie es für die *Opfermutter* typisch ist. Oder aber das Kind bleibt an die Mutter gebunden, *»weil seine Eltern ihm falsche Definitionen über sich selbst, über seine Gefühle, Bedürfnisse, über das, was es wünscht und ist, gegeben haben«*. (Stierlin, 1982, S. 26) Solche Verhaltensweisen haben wir bei der *narzisstischen Mutter* kennen gelernt.

Eine andere Störung des Delegationsprozesses liegt nach Stierlin vor, wenn das Kind (oft sehr früh) ausgesandt wird, aber keine Mission zu erfüllen hat. In diesem Fall klammert sich die Mutter nicht an das Kind, um seine Ich-Bedürfnisse zu regulieren, sie braucht das Kind vielmehr nicht, es hat keine Funktion für sie, es ist überflüssig. Diese Form der Delegation liegt bei der *»lieblosen Mutter«* vor, die im folgenden Kapitel beschrieben wird.

Die lieblose Mutter

Ich muss gestehen, dass ich zu Beginn meiner Recherchen und Interviews diesen Muttertyp gar nicht im Sinn hatte. Erst in den Gesprächen mit Töchtern und Söhnen (meist Töchtern) kristallisierte sich das Bild der »lieblosen Mutter« deutlich heraus.
Ich muss weiters gestehen, dass ich bei den ersten Interviews, in denen mir dieser Typ geschildert wurde, erschrocken bin, wie man eben erschrickt, wenn man unvermutet auf die Frage, mit welchen Eigenschaften man die Mutter beschreiben würde, zur Antwort erhält: »kalt, herzlos, lieblos ...«

Franziska (45) beschreibt ihre 82-jährige Mutter als negativ, destruktiv, mitleidlos, verletzend, abwertend und lebensfeindlich. Ihr derzeitiges Verhältnis zur Mutter sei distanziert und hasserfüllt, die körperliche Nähe sei ihr extrem unangenehm.

Oder Helga (47) über die Beziehung zu ihrer 74-jährigen Mutter:

»Ich habe immer gesagt, so wie meine Mutter will ich nicht werden. So lieblos und desinteressiert, so egozentrisch, wie sie ist. Ich möchte nicht einen einzigen Tag so leben, wie sie lebt.«

Es lässt sich nur schwer vorstellen, was in den Seelen der Kinder angerichtet wird, die mit einer Mutter aufwachsen müssen, die ihnen die Liebe versagt, die nicht fähig ist, Liebe in Worten, Gesten, Handlungen auszudrücken. Daran ändert auch nichts, wenn die Mutter in anderen Bereichen, wie das bei diesem Typ häufig anzutreffen ist, gut »funktioniert«, wenn die Kinder gesund ernährt und bei Krankheit gepflegt werden, passende Bekleidung bekommen oder eine gute Schule besuchen dürfen. Daher erscheinen solche Mütter nach außen hin oft wie besonders gute »Exemplare«. Von den Nöten der Kinder ahnt meist niemand etwas.
Um auch nur annähernd ermessen zu können, wie wichtig eine liebevolle Mutter für den heranwachsenden Menschen ist und welcher Scha-

den angerichtet wird, wenn sie einem Kind vorenthalten wird, machen wir einen kleinen Exkurs über die Mutterliebe.

Exkurs über Mutterliebe

Als wichtigstes Merkmal der idealen Mutterliebe wird meist ihre Bedingungslosigkeit hervorgehoben. Die Mutter liebt nicht, weil das Kind so oder so ist, weil es sich auf diese oder jene Art verhält, sondern sie liebt ihr Kind, weil es da ist. Bedingungslos. Ohne Anforderungen, ohne Erwartungen. Einfach so. Kinder einer solchen Mutter können sich dieser Liebe immer sicher sein, auch wenn sie Blödsinn machen, auch wenn sie ungezogen sind.

Aber – regt sich da unser kritischer Verstand – lernpsychologisch ist ein solches Verhalten doch totaler Unsinn. Das Kind soll sich doch im Leben bewähren und die Welt funktioniert nun einmal nach dem Prinzip der Belohnung des Richtigen (Guten) und der Bestrafung oder zumindest Nichtbelohnung des Falschen (Bösen), egal, ob es sich um die soziale, die physikalische, die legistische oder die religiöse Welt handelt. Was soll später aus einem Kind werden, das Zuwendung nicht nur für richtiges (oder als richtig definiertes) Verhalten bekommt, sondern auch für Handlungen, die davon abweichen?

Es kann gar kein Zweifel bestehen, dass die Art der Zuwendung, die an bestimmte Verhaltensweisen geknüpft ist, für jeden Erziehungsprozess von außerordentlicher Bedeutung ist.[8] Damit wird die für jeden Menschen notwendige Anpassung erreicht. Aber unter Umständen auch neurotischer Ehrgeiz, Versagensangst, starres Festhalten an Verhaltensweisen, nur weil sie einmal erfolgreich waren.

Die bedingungslose Liebe der Mutter schafft hingegen etwas unglaublich Positives. Sie stellt das Urvertrauen in die Welt her. Sie gibt dem Verhalten Freiheit und spielerische Leichtigkeit. Sie macht Mut, neue Dinge zu probieren. Sie fördert das Schöpferische im Menschen und hilft, liebevoll und sorgsam mit sich selbst umzugehen und sich auch im Misserfolg zu mögen.

---

[8] Erich Fromm und andere Autoren führen aus, dass die väterliche Liebe nach diesem Prinzip funktioniert und sehr wohl an Bedingungen geknüpft ist. »*Der negative Aspekt ist, dass man sich die väterliche Liebe verdienen muss, dass man sie verlieren kann, wenn man sich nicht so verhält, wie es von einem erwartet wird. (...) Ihre positive Seite ist nicht weniger wichtig. Da die väterliche Liebe an Bedingungen geknüpft ist, kann ich etwas dazu tun, sie mir zu erwerben, ich kann mich um sie bemühen, sie steht nicht wie die mütterliche Liebe außerhalb meiner Macht.*« (Fromm, 2000, S. 55 ff)

Gestatten Sie mir einen Vergleich aus dem Golfspiel, das ich mit Leidenschaft (und zwar durchaus im Sinne von »leiden«) ausübe. Wenn ich als Golfspieler am Abschlag stehe und einen fehlerhaften Schwung produziere, indem ich z. B. mit geschlossener Schlagfläche auf den Ball treffe, wird mich die Welt der physikalischen Gesetze bestrafen und den Ball statt geradeaus nach links fliegen lassen (gilt nur für Rechtshänder). Wohl dem Golfer, dem dies bei einem breiten Fairway (Spielbahn mit kurz geschnittenem Gras, von dem man den Ball leichter spielen kann) passiert und dessen Ball trotz fehlerhaftem Schwung nicht im Rough (unbehandelter Teil des Golfplatzes) landet.
Das breite Fairway hat nicht nur den Riesenvorteil, dass ein Fehler nicht so streng bestraft wird und ich mir durchaus eine Abweichung erlauben darf. Es vermittelt mir auch ein Gefühl der Sicherheit und damit erhöht sich die Chance, dass mir ein wunderbarer, gerader Schlag gelingt.
Will man ein sehr guter Golfspieler werden, so muss man auch die schmalen Fairways bewältigen. Und gerade die interessantesten Golfplätze haben viele Tücken. Aber wenn ich das Spiel mit Selbstvertrauen spiele, dann wird mich ein Fehlschlag zwar schmerzen, doch ich werde ihn zur Kenntnis nehmen und als »zum Spiel gehörig« betrachten. Ohne Selbstvertrauen werde ich den Fehlschlag hingegen als Beweis dafür ansehen, dass ich ein miserabler Golfspieler bin und dieses verdammte Spiel sowieso nie lernen werde. Mit dem Fehlschlag habe ich gewissermaßen mich selbst getroffen, das Ich ist angeknackst, das Selbstvertrauen dahin.
Den hier als Beispiel angeführten Golfschlag können Sie nach Belieben ersetzen durch ein Vorstellungsgespräch, die Präsentation eines von Ihnen entwickelten Konzeptes vor den Kollegen und Ihrem Chef, die mutige Vertretung Ihrer Meinung, auch wenn die anderen Ihnen nicht zustimmen, oder andere Bewährungsproben.

Mutterliebe ist wie ein breites Fairway, das Sicherheit gibt und Fehler verzeiht. Sie ist ein Schutzschild, wenn man sich durch unbedachtes Verhalten den Unmut anderer Personen zugezogen hat. Sie ist ein Fangnetz, wenn man das Gleichgewicht verloren hat.
Nach Erich Fromm (2000) entspricht eine solche Liebe *»einer tiefen Sehnsucht nicht nur des Kindes, sondern eines jeden menschlichen Wesens; wenn man dagegen seiner eigenen Verdienste wegen geliebt wird, so bleiben immer irgendwelche Zweifel bestehen; vielleicht habe ich es dem, der mich lieben soll, nicht recht gemacht, oder ich habe dies oder*

jenes falsch gemacht – immer muss ich fürchten, die Liebe könnte vergehen. Außerdem hinterlässt ›verdiente‹ Liebe leicht das bittere Gefühl, dass man nicht um seiner selbst willen geliebt wird, sondern dass man nur geliebt wird, weil man dem anderen einen Gefallen tut, dass man letzten Endes gar nicht geliebt, sondern zu einem bestimmten Zweck benutzt wird. Kein Wunder also, dass wir alle – als Kinder und als Erwachsene – an unserer Sehnsucht nach der mütterlichen Liebe festhalten. Die meisten Kinder haben das Glück, Mutterliebe zu empfangen.« (S. 54) Aber eben nur die meisten.

Bei der lieblosen Mutter geht es nicht darum, dass sie die Zuwendung versagt, wenn das Kind etwas Falsches gemacht hat. Viel schlimmer. Sie tut es auch bei richtigem Verhalten, grundsätzlich, immer. Die Kinder solcher Mütter können sich bemühen, wie sie wollen, sie erlangen die Liebe der Mutter nicht.
Dazu nochmals Erich Fromm: *»Aber diese Bedingungslosigkeit der Mutterliebe hat auch ihre negative Seite. Sie braucht nicht nur nicht verdient zu werden – sie kann auch nicht erworben, erzeugt oder unter Kontrolle gehalten werden. Ist sie vorhanden, so ist sie ein Segen; ist sie nicht vorhanden, so ist es, als ob alle Schönheit aus dem Leben verschwunden wäre, und ich kann nichts tun, um sie hervorzurufen.«* (S. 52)

Keine Zärtlichkeit

Der Mangel an Zärtlichkeit gehört zu den prägendsten Erfahrungen der Kinder liebloser Mütter. Es gibt kein Streicheln, Drücken, Herzen. Alle Töchter von lieblosen Müttern, die hier zu Wort kommen, haben von frühester Kindheit an unter dem fehlenden Körperkontakt gelitten. Aber sie konnten noch nicht wissen, was sie entbehren mussten, denn sie kannten nichts anderes.

Franziska habe ich bereits kurz vorgestellt. Sie hat nie von ihrer Mutter Zärtlichkeit erfahren.

»Zärtlichkeit von meiner Mutter? Da gibt es keine Erinnerung, da war nichts. Wenn ich verletzt war – und ich habe mich oft gestoßen, weil ich ein lebhaftes Kind war –, hat sie mich nie in den Arm genommen und getröstet. Sie hat nur gesagt: ›Übermut tut selten gut.‹«

Auch bei Susanne (47) war es so. Ihre Mutter starb vor zwei Jahren im 72. Lebensjahr. Auf die Frage, ob sie als Kind von ihrer Mutter Zärtlichkeit bekommen habe, sagt sie:

»Sehr wenig. Ich kann mich kaum erinnern. Nicht in der Form, wie mir das von meinen Kindern bekannt ist. Es ist mir irgendwie abgegangen. Meine Mutter war eine strenge Mutter, eine gute Hausfrau, sie hatte alles im Griff, aber sie hatte irgendwie auch nie Zeit, zärtlich zu sein.

Ich habe Zärtlichkeit nicht in der Form bekommen, wie man sich das so vorstellt. Wir hatten eine Nachbarin, die mir ein Zärtlichkeitsersatz war. Sie war etwas jünger als meine Mutter und hatte mehrere Kinder. Und zu der habe ich mich zum Beispiel geflüchtet, wenn ich vor meiner Mutter Angst hatte, und sie hat mir eine Art Wärme entgegengebracht, die mir das irgendwie ersetzt hat, glaube ich.«

Dieses Zitat von Susanne zeigt, dass Kinder die Fähigkeit haben, sich das Fehlende zu holen, wo immer sie es kriegen können, wenn nur die Gelegenheit da ist und wenn man sie lässt.

Helga kam bereits kurz zu Wort. Sie ist Psychologin und Psychotherapeutin. Sie ist mit einem Lehrer verheiratet und hat einen 25-jährigen behinderten Sohn. Ihre Mutter (74) leidet seit dem 30. Lebensjahr an Multipler Sklerose. Helga hat ebenfalls keine Erinnerung an Zärtlichkeit von der Mutter:

»Nein. Kann ich mich nicht erinnern. Überhaupt nichts. Ich kann mich erinnern, dass ich beim Vater auf dem Schoß gesessen bin. Wenn er heimgekommen ist von der Arbeit und seine Jause gegessen hat, dann bin ich bei ihm auf dem Schoß gesessen. Aber bei der Mutter kann ich mich an überhaupt keinen Körperkontakt erinnern. Dass sie mir die Haare gewaschen hat, das weiß ich noch, aber sonst kann ich mich an nichts erinnern.«

Und auf die Frage, ob sie es vermisst habe:

»Habe ich es vermisst? Gute Frage. (Lange Pause) Das glaube ich nicht. Es war so unvorstellbar. Ich habe das gar nicht vermissen können. Einfach unvorstellbar, dass meine Mutter mir gegenüber jemals etwas Liebes gezeigt hätte.«

Keine Gefühle

Die lieblose Mutter ist nicht in der Lage, Gefühle zu zeigen, und sie will auch nicht, dass die Kinder es tun. Sie kann damit nichts anfangen. Gefühle verunsichern und ängstigen sie, sie wertet sie daher ab und unterdrückt sie.

Petra (38) wuchs mit einer solchen Verleugnung und Geringschätzung der Gefühle auf:

»Die Mutter ist hart zu sich selbst und zu anderen. Sie kann keine Gefühle zeigen. Sie erleidet und erduldet viel und hat nie gejammert. Gefühle zeigen ist in ihren Augen Schwäche. Da ist man angreifbar und verletzbar. Das hat schon ihre Mutter gesagt.«

Auch als sie ein totes Kind gebar, zeigte sie diese »Stärke«:

»Nach der ersten Tochter ist ein Sohn gekommen, das war eine Totgeburt. Und das Schlimmste für meine Mutter war, dass sie, als sie heimgekommen ist, nichts in den Händen gehalten hat. Und als ich sie einmal gefragt habe – erst vor einem halben Jahr –, wie das für sie und wie es für den Papa war, hat sie gesagt, sie haben nie mehr darüber gesprochen.«

Franziska bezieht in ihre Betrachtung, wie im Elternhaus mit Gefühlen umgegangen wurde, den Vater ausdrücklich mit ein.

»Mit Gefühlen waren sie hilflos. Wann immer ein Kind zornig, traurig, wütend, einsam oder was auch immer war, haben sie darauf nie reagiert. Es war ihnen unangenehm. Am leichtesten war noch der Umgang mit Zorn, da hat man halt eine Ohrfeige bekommen. Mit Gefühlen der Trauer aber waren sie völlig überfordert. Dann waren beide nicht in der Lage, auf jemanden besänftigend oder beruhigend einzuwirken. Man hat die Kinder mit ihrem Schmerz allein gelassen.«

Bei Helga hatte die Gefühlsverdrängung geradezu groteske Auswirkungen.

»Jegliche Art von Gefühlsausdruck hat sie unterbunden. Eine Erinnerung hat sich dabei sehr eingegraben bei mir: Immer, wenn ich geweint

habe, hat sie gesagt: ›Wenn ich einmal sterbe, kannst du auch nichts anderes tun als weinen.‹ Das hat bei mir dazu geführt, dass ich mir das Weinen völlig abgewöhnt habe. Bei den ersten Todesfällen, die so gekommen sind, als ich um 20 war, musste ich auf den Friedhöfen einfach immer nur lachen. Es war grauenhaft für mich, als meine Schwiegergroßmutter gestorben ist: Ich habe ständig gegen das Lachen kämpfen müssen. Weinen? Das war undenkbar für mich.
Die Erlebnisse am Friedhof waren dann der erste Anlass, zur Psychotherapie zu gehen, und auch der Auslöser für meine Psychotherapieausbildung. Bei meinem ersten Selbsterfahrungsseminar habe ich erlebt, wie eine Frau geweint und der Therapeut sie daraufhin gehalten hat. Das war für mich so etwas Unfassbares, dass man so mit jemandem umgehen kann, der weint. Das hat mein Leben einfach umgekrempelt. Da habe ich gewusst, es gibt auch noch etwas anderes als die Lieblosigkeit: Gefühle ausdrücken.«

Kein Lob

Bei den Kindern liebloser Mütter fällt auf, dass sie sich ungeheuer anstrengen, um die Liebe oder wenigstens die Anerkennung der Mutter zu gewinnen. Aber was sie auch tun, sie bleibt ihnen versagt.

Petra berichtet von ihren vergeblichen Bemühungen:

»Ich habe als Kind immer versucht, die Anerkennung der Mutter zu gewinnen. Ich bin um drei Uhr in der Frühe aufgestanden, habe im Betrieb und im Haushalt geholfen. Aber trotz aller Anstrengungen ist von meiner Mutter nie ein anerkennendes Wort, geschweige denn ein Lob gekommen. Es war immer noch zu wenig, noch zu schlecht. Ich habe die Schuld immer bei mir gesucht. Ich habe mir gesagt: Es war noch nicht genug.«

Franziska merkt man bei ihrer Erzählung die Verbitterung noch heute an:

»Meine Mutter wurde wegen Darmkrebs operiert. Ich war damals in der Endphase meines Studiums, trotzdem habe ich den Haushalt für den Vater geführt. Außerdem litt ich sehr unter dem Gedanken, dass die Mutter sterben könnte. Der absolute Bruch war für mich erkenn-

bar, als sie vom Spital heimgebracht wurde und vom Auto ausstieg und nach einem Blick in den Garten meinte, dass die Blumen nicht so schön wie sonst seien. Kein Wort darüber, dass ich neben dem Studium für den Vater gekocht, geputzt und gewaschen habe, nichts.«

Auch für Susanne gab es von der Mutter kaum Lob und Anerkennung, so sehr sie sich auch anstrengte:

»Mein Vater war derjenige, der mich für meine Leistungen gelobt hat. Und ich habe versucht, die Lieblosigkeit der Mutter in diese Richtung auszugleichen. Ich habe mich wahnsinnig bemüht, z. B. immer eine gute Schülerin zu sein. Mein Vater war jemand, der das honoriert hat. Für meine Mutter war das selbstverständlich.«

Kein Interesse

Die bisher beschriebenen Eigenschaften der lieblosen Mutter – dass sie keine Zärtlichkeit gibt, keine Gefühle ausdrücken kann, das Kind nicht lobt – sind schlimm genug. Dahinter leuchtet aber immer noch die Hoffnung: Sie hat mich ja doch lieb, sie kann es nur nicht zeigen. Umso schlimmer ist die Erfahrung, dass sich die Mutter für das Kind nicht interessiert, dass es als Person nicht wahrgenommen wird. Petra berichtet von einem solchen traumatischen Erlebnis bei ihrer Abschlussprüfung an einer Handelsakademie:

»Als ich mit der Matura fertig war, habe ich zu Hause angerufen. Es war nur die Sekretärin da. Ich habe ihr gesagt: ›Falls es jemand interessiert, ich habe die Matura bestanden.‹ Und am Abend bin ich dann heimgekommen. Meine älteste Schwester und die Mama waren in der Küche. Meine Schwester hat mir gratuliert und meine Mutter hat nicht einmal mit der Wimper gezuckt.«

Wenn man andere Eltern dagegen hält, wie die mitzittern, mitbangen und sich schließlich mitfreuen oder auch mitleiden, so erscheint dieses Verhalten unverständlich und befremdend. Aber eigentlich durfte Petra gar nichts anderes erwarten, denn schon während der Schulzeit interessierte sich die Mutter weder für ihre Erfolge noch für ihre Misserfolge.

»Sie hat nie etwas gesagt, egal, ob ich in der Handelsakademie einen

Einser oder einen Fünfer bekommen habe. Sie hat alle Tests und alle Schularbeiten wortlos unterschrieben.«

Auch Franziska litt unter mangelndem Interesse und mangelnder Anteilnahme:

»Weder privat noch beruflich war Interesse vorhanden. Für einen Karriereschritt hat es nicht nur keine Anerkennung gegeben, es wurde nicht einmal erwähnt, weder im Guten, noch im Schlechten. Und für private Entscheidungen wie Eheschließung oder Kind hat es auch nie Kommentare oder Glückwünsche gegeben, sondern im Nachhinein beim Scheitern die Ansage, dass das eh klar war von Anfang an.«

Ein ähnlich fremdartig anmutendes Erlebnis wie Petra hatte auch Helga nach einer Amerika-Reise.

»Amerika, das war für mich schon etwas Gewagtes, mit 18 Jahren. Ich bin ja ganz am Waldrand aufgewachsen, in ziemlicher Isolation. Ich habe bis zum Schulgehen eigentlich kaum Menschen gesehen und war auch irrsinnig scheu und ängstlich. Und dann gleich nach der Matura nach Amerika zu fliegen, das war für mich schon ein sehr, sehr mutiger Schritt. Es hat zwar mein Bruder dort gearbeitet, es war also jemand dort, der mich in Empfang genommen hat, aber ich habe dann dort als Au-Pair-Mädchen gearbeitet. Meine Mama hat nie nachgefragt, ob ich überhaupt dort gewesen bin oder wie das war. Nichts, absolut nichts. Es hat sie nicht interessiert.«

Und die Mutter interessiert sich auch nicht dafür, was Helga beruflich macht.

»Sie weiß nicht, ob ich Physiotherapeutin oder Psychotherapeutin bin. Das wird vielleicht sechs oder sieben Jahre her sein, da hat sie gesagt: ›Du, Helga, jetzt hat mich die Nachbarin gefragt, was du machst.‹ Aber da hat sie von Physio und Psycho auch noch nichts gewusst. Sie hat absolut ausgeblendet gehabt, dass ich überhaupt einen Beruf habe, dass es mich überhaupt gibt, kann man sagen. Wenn die Nachbarin sie nicht gefragt hätte, sie hätte, glaube ich, ihr Leben lang nicht gefragt, was für einen Beruf ich ausübe. Das wäre ihr nie in den Sinn gekommen.
Mit meinen Fähigkeiten, mit meinen Organisationstalenten, mit meinem Wissen, mit meinem Weitblick bin ich ihr sehr willkommen, das

schon. Aber als Mensch bin ich ihr völlig egal. Und dieses Gespräch, dass sie sich um nichts kümmert und für nichts interessiert, das haben wir schon öfter geführt. Das habe ich ihr schon öfter vorgeworfen. Und sie sagt dann jedesmal mit einem strahlenden Lächeln: ›Ich bin ja nicht neugierig.‹ Deshalb fragt sie auch nichts. ›Ich bin ja nicht neugierig.‹

Und da ist sie unglaublich stolz darauf, dass sie nicht neugierig ist. Neugierig sein, das ist eine ganz, ganz schlechte Eigenschaft in den Augen meiner Mutter. Und zwischen Neugierde und Anteilnahme und Interesse, da gibt es für sie keinen Unterschied. Das ist alles eins. Das ist alles Neugierde. Und neugierig sein, das ist irgendetwas für das untere Volk, für die primitiven Menschen, aber nichts für sie.«

Die Interesselosigkeit ist die vielleicht charakteristischste Eigenschaft der lieblosen Mutter im Vergleich zu den anderen Muttertypen. Sicherlich genießen auch die Kinder der Machtmütter, der Opfermütter und der narzisstischen Mütter nicht die Liebe, die sie sich wünschen. Aber sie haben wenigstens das Interesse der Mutter. Kein Wunder, denn diese Mütter brauchen ja ihre Kinder zur Befriedigung der Machtansprüche oder der narzisstischen Bedürfnisse oder zur Erpressung von Gefühlen und Zuwendung. Die lieblose Mutter braucht die Kinder nicht, sie hat kein Interesse daran.

Die selektive Mutterliebe

Aber es kommt noch dicker. Von den hier zitierten vier Interviewpartnerinnen mit einer lieblosen Mutterbeziehung haben drei erleben müssen, dass die Mutter nicht grundsätzlich unfähig ist, Liebe oder wenigstens Zuwendung zu geben. Und diese Erkenntnis, die bei den Betroffenen viele Jahre zum »Einsickern« benötigte, war dann der größte Schock. Wäre die Wahrheit »Sie kann nicht lieben« schon schlimm genug, so ist »Sie kann *mich* nicht lieben« noch um vieles schwerer zu ertragen.

Bei Petra war es ganz offensichtlich: Die Eltern hatten nicht auf sie gewartet, sondern auf einen Sohn. Auf einen, der den Betrieb übernehmen und weiterführen kann. Aber es kamen zunächst zwei Mädchen. Und als dann auch noch die dritte Geburt, die überaus schwer verlief, nicht den erhofften Stammhalter brachte, war Petras Mutter verzweifelt.

»Die Mutter ist bei meiner Geburt fast gestorben. Ich bin mit Kaiserschnitt auf die Welt gekommen. Außerdem war ich ein Rhesuskind, weshalb ein Blutaustausch notwendig war. Als sie gesehen hat, dass es ein Mädchen ist, hat sie gewusst: Jetzt ist sie noch einmal dran.«

Im Krankenhaus kam es nach der Entbindung angeblich zu folgender Szene, die der Vater Petras ihr im Alter von sieben oder acht Jahren berichtet hat:

»Dem Vater ist im Spital die Krankenschwester entgegengekommen und hat gesagt: ›Sie brauchen sich keine Sorgen um die Tochter machen, ich nehme sie. Ich habe noch nie ein so schönes Kind gesehen. Ihre Frau will sie nicht.‹ Aber der Vater war verliebt in mich.« (Er starb, als Petra zwölf war.)

Ein »toller« Eintritt ins Leben. Als schließlich doch ein Sohn zur Welt kommt, konzentriert sich die ganze Zuwendung der Mutter auf ihn.

»Es war einfach klar: Der Michael ist der lang ersehnte Kronprinz. Es ist notwendig, dass er gekommen ist, und wir, die Töchter, sind halt auch da.
Michael ist eigentlich immer seinen Weg gegangen und hat immer das genommen, was er wollte. Wir hätten uns nicht einmal zu fragen getraut. Das war für uns klar, er ist der Bub. Er hat alle Rechte.
Sie war auch hart zu ihm, aber im Endeffekt hat sie alles getan für ihn. Sie hat alles durchgehen lassen. Man kann das nicht so in Worte fassen. Es war einfach so. Es war klar: Er war der Sohn.«

Die Bevorzugung des Bruders wurde von den Schwestern offensichtlich widerspruchslos hingenommen. Und so dauerte es bis zum 37. Geburtstag von Petra, dass es darüber eine Aussprache gab. Dann endlich konnte sie zur Mutter sagen:

»Ich habe von dir weg müssen. Ich bin neben dir eingegangen, denn ich habe dich gern. Du bist ja meine Mutter. Aber du hast nur den Michael gesehen. Ich bin damit aufgewachsen, dass du mich nicht haben wolltest, dass ich ein notwendiges Übel bin.«

Ökonomisch macht die selektive Zuwendung der Mutter, die Bevorzugung des (ältesten) Sohnes durchaus Sinn. Denn er ist – unter den

gegebenen Bedingungen – als Erbe des Unternehmens, des Betriebes, des Bauernhofs oder was eben weiterzugeben ist, für den Bestand der Familie wichtiger als Töchter. Die brauchen Geld für die Ausbildung und gehen dann doch außer Haus. Die Bedeutung des Erben steigt dann noch, wenn das Familienoberhaupt früh stirbt, wie es bei Petra der Fall war. Er sichert dann den Lebensunterhalt und den sozialen Status der Mutter. Vernünftig mag eine solche Ungleichbehandlung der Kinder daher sein, aber mit Liebe als spontaner Reaktion hat sie de facto nichts zu tun.
Elisabeth Badinter fragt wohl mit Berechtigung: »*Wo steckt in diesem so selektiven Gefühl die Mutterliebe, von der man leichthin sagt, sie sei immer und überall gegenwärtig? Die Bevorzugung des Ältesten ist nicht ganz unschuldsvoll und wahrscheinlich nicht natürlich.*« (S. 67)

Bei Franziska war die Ausgangslage ähnlich. Auch ihre Eltern hofften auf einen Sohn, der den Betrieb übernehmen könne. In diesem Fall wurden die Versuche nach Franziska, der vierten Tochter, aufgegeben.

»Ich war die vierte Tochter und der letzte Versuch, zu einem männlichen Erben und Nachfolger zu kommen. Man hat mich als Buben erzogen und ich war extrem schlimm, Bandenanführerin und so. Das ist irgendwie gebilligt worden. Ich war der verpatzte Sohn, dem das kleine Stückerl fehlt.
Die Geburt war legendär, die haben mir die Arbeiter oft geschildert. Mein Vater war schlecht gelaunt wie nie, als er erfahren hat, dass es schon wieder eine Tochter geworden ist. Die Mutter hat einmal sehr lieb geschildert, dass es ihr nach meiner Geburt dann gereicht hat, die Strapaz, immer zu gebären, bis es ein Sohn wird, und sie hat sich dann, eigentlich gegen den Willen ihres Mannes, den Eileiter unterbinden lassen.«

Für die Eltern Helgas bestand nicht unbedingt die Notwendigkeit, einen männlichen Erben zu haben, der einen Besitz, einen Betrieb oder Ähnliches weiterführen soll, es gab nur eine kleine Landwirtschaft. Dennoch, davon ist Helga überzeugt und sie führt einleuchtende Beispiele dafür an, liebte die Mutter den Bruder Paul, sie und ihre Schwester hingegen nicht.

»Zuerst habe ich das sehr dankbar aufgegriffen, die Idee von der lieblosen Mutter. Und dann, so nach ein, zwei Tagen, bin ich darauf-

gekommen, dass ich mir wieder Sand in die Augen streuen würde. Ich habe dann einfach für mich selber den Mut gehabt, es so zu benennen, dass meine Mutter andere sehr wohl lieben konnte, dass sie aber mich nicht geliebt hat. Sie hat meine Schwester nicht geliebt und mich auch nicht, meinen Bruder hingegen schon.
Das ist heute noch so, dass ihre Augen zu strahlen anfangen, dass sie lächelt, dass sie ein ganz weiches Gesicht bekommt, wenn jemand nach dem Paul fragt. Aber ich sehe sie kaum einmal lächeln in anderen Zusammenhängen. Es kommt kaum jemals vor, dass sie lächelt, dass sie etwas Freundliches ausstrahlt.«

Auch Susanne musste erleben, dass ihr der Bruder vorgezogen wurde. Auf die Frage, ob sie die Liebe von der Mutter bekommen habe, für die sie sich so angestrengt hat, sagt sie:

»Eigentlich nicht. Es war eigentlich eine Enttäuschung, weil in puncto Anstrengung die Konkurrenz zu meinem Bruder noch zusätzlich da war. Den hat sie eindeutig vorgezogen. Und ich konnte dort eigentlich nie hin, wo er von vornherein war. Ich hatte das Gefühl, das falsche Geschlecht zu haben. Vermutlich wäre die Situation eine andere gewesen, wäre ich ein Sohn gewesen.«

Susanne macht auf einen Grund für die Bevorzugung des Sohnes aufmerksam, der vielleicht auch bei anderen Interviewpartnerinnen eine Rolle gespielt hat, von diesen aber nicht angesprochen wurde: Es ist die Geringschätzung des Weiblichen. Die wurde der Mutter Susannes schon vom Vater eingegeben, der sich an ihrer Stelle einen Sohn gewünscht hatte. Dies bewirkte, dass sie nicht wirklich zu ihrem Geschlecht, zu ihrem Frausein stand. Was hatte da die Tochter schon zu erwarten.

»Meine Mutter war die mittlere von drei Töchtern und ihr Vater wollte unbedingt einen Sohn haben. Vermutlich war sie so eine Art Sohnersatz. Ihr war das so eingeimpft worden, dass sie selber von sich als Frau nicht überzeugt war. Das hat sie allerdings nie zugegeben, das vermute ich nur. Sie hat aber manchmal geäußert, dass Frauen eben für gewisse Berufe oder Positionen nicht geeignet sind. Wenn irgendwo darüber diskutiert wurde, ob eine Frau Bezirkshauptmann wird oder Bundespräsident werden will, dann hat sie gesagt: ›Wie kann eine Frau so etwas machen?‹ Das war für sie so negativ besetzt, allein die Tatsache, dass eine Frau sich um so einen Posten bemüht. Aber das ist

nur ein Beispiel. Es war immer negativ, wenn sich Frauen irgendwo in den Vordergrund gespielt haben – in einer Rolle, die nach der Meinung meiner Mutter für Frauen nicht passend war.«

Sowohl Petra als auch Helga und Susanne mussten erleben, dass der Bruder völlig anders behandelt wurde als sie. Er genoss mehr Zuwendung, Aufmerksamkeit und Toleranz. Er konnte sich Dinge erlauben, an die sie nicht einmal zu denken wagten, und, wie es Susanne ausdrückte, er war schon dort, wo sie trotz größter Anstrengung nie hinkommen würde. In allen drei Fällen zeigt sich auch, dass die Söhne zwar diese Privilegien hatten, dass sie aber Zärtlichkeit genauso vermissen mussten wie die Töchter.
Helga kann sich zum Beispiel an keine Zärtlichkeiten der Mutter gegenüber Paul erinnern. Sie scheint ihn auch nicht so akzeptiert zu haben, wie er war oder wie er sein wollte. Sie versuchte vielmehr, im Stile einer Machtmutter oder einer narzisstischen Mutter, ihre Vorstellungen durchsetzen.

»Ich weiß, dass Mutter und Paul gestritten haben wie Hund und Katze, obwohl oder gerade weil sie ihn irrsinnig gern gehabt hat. Sie wollte halt immer, dass er so ist, wie sie ihn haben will, und er wollte nicht so sein, wie sie ihn haben wollte. Aber es war trotzdem ein Gernhaben. Eine Liebe war einfach da.«

Und auch das Unvermögen, Interesse und Anteilnahme zu zeigen, traf nicht nur Helga, sondern auch Paul (er war mit 18 Jahren ins Ausland gegangen).

»Mein Bruder ist in Schweden gewesen, in Amerika und weiß Gott wo überall auf der Welt. Aber wenn er nach Hause gekommen ist, ist er immer zur Nachbarin gegangen und hat ihr erzählt, was er macht. Die Mutter hat nie nachgefragt. Auch nie gewusst, was er macht.«

Auch die Mutter von Susanne war nicht in der Lage, dem favorisierten Sohn Zärtlichkeit zu geben.

»Ich glaube, dass meine Mutter grundsätzlich ein Problem damit hatte, wirklich zärtlich zu sein. Als ich erwachsen war und meine Kinder auf der Welt waren, hat sie erkannt, dass ich etwas weitergebe, was sie uns nicht gegeben hat. Sie hat das sogar einmal direkt angesprochen.

Und ich hatte auch nicht das Gefühl, dass sie meinen Bruder besonders zärtlich behandelt. Der Beweis für mich war, dass sie ihn mit zehn Jahren in ein Internat gegeben hat, damit er eine bessere Ausbildung bekommt. Es ging ihr da auch um diesen Ehrgeiz, den Kindern irgendetwas mitzugeben. Aber sie war ihm gegenüber viel toleranter, er hatte eine ganz andere Daseinsberechtigung. Und um das habe ich ihn eigentlich beneidet.«

Mutterliebe: Gefühl oder Verhalten?

Dies provoziert die Frage: Ist Mutterliebe ein Gefühl oder ein bestimmtes Verhalten? Üblicherweise wird wohl beides zusammenfallen, aber muss es das auch? Ist es möglich, dass Gefühl und Verhalten nicht übereinstimmen? Dass eine Mutter ihr Kind liebt, sich aber nicht liebevoll verhält? Nicht zärtlich ist, das Kind nicht mit Gesten und Worten streichelt, es nicht akzeptiert, wie es ist, kein Interesse zeigt? Die Verhaltensweisen, die unter anderen »gutes Muttern« ausmachen, sind nicht angeboren und werden nicht automatisch bei der Geburt des Kindes mitgeliefert. Sie müssen vielmehr erlernt werden. Problemlos in den ersten Lebensjahren oder später in einem mühsamen, langwierigen Prozess. Oder sie werden gar nicht gelernt.

Ähnliche Situationen gibt es ja auch in Paarbeziehungen. Einander zu lieben bedeutet eben noch nicht, auch alles richtig zu machen, über Probleme offen und fair miteinander reden zu können, eigene Wünsche den gemeinsamen Bedürfnissen unterzuordnen, die Sphäre des anderen zu respektieren und was es sonst noch an partnerschaftlichem Verhalten gibt.

Man könnte natürlich sagen, dass man das alles tut, wenn man einander wirklich liebt. Und wenn es nicht so funktioniert, dann ist es eben nicht die wahre Liebe. Aber damit würde man sich die Sache zu einfach machen. Für die Partnerschaft würde das bedeuten, man trennt sich eben und sucht sich jemand, bei dem sich dieses Gefühl der »wahren Liebe« – und wie durch ein Wunder auch das richtige Verhalten – einstellt. Ich fürchte, da kann man lange suchen. In die Praxen von Partnertherapeuten kommen ja meist nicht Paare, die einander nicht lieben, sondern solche, die nicht gelernt haben, liebevoll miteinander umzugehen.

Auch der umgekehrte Fall ist denkbar. Dass nämlich das spontane Gefühl nicht vorhanden ist, die Mutter aber dennoch das Richtige tut und die Liebe durch Gewissenhaftigkeit und Verantwortungsbewusstsein ersetzt. Nicht ideal. Aber schlecht?

Auch in der Psychotherapie gibt es Parallelen: Empathie ist sicherlich eine wichtige Therapeuteneigenschaft, mit der Gefühlszustände der Klienten durch die eigenen emotionalen Reaktionen wahrgenommen werden können. Aber auch ein gutes Therapiekonzept und die Beherrschung von Techniken gehören dazu und machen erst gutes Therapieren aus. Ich bin davon überzeugt, dass viele Therapeuten allein mit Technik, Gewissenhaftigkeit und Disziplin gute Erfolge erzielen.

Von diesen Überlegungen ist es nicht weit zur »Computertherapie«, denn Computer können eine ganze Menge, Mitgefühl aber produzieren sie nicht.

Joseph Weizenbaum entwickelte bereits von 1964 bis 1966 ein Computerprogramm zur Sprachanalyse, das er nach der Dame in »Pygmalion« Eliza nannte. Im ersten Experiment gab er Eliza ein Skript (eine Reihe von Regeln, mit denen man über ein bestimmtes Thema kommunizieren kann) ein, mit dem sie einen Psychotherapeuten im Stile der Gesprächspsychotherapie nach Rogers spielen konnte. Nach Ansicht von Weizenbaum eignet sich diese Therapieform besonders gut für den Computer, da ein Großteil der Technik darin besteht, den Patienten zum Sprechen zu bringen, indem ihm seine Äußerungen wie bei einem Echo zurückgegeben werden. Man konnte seinen Beitrag in eine mit dem Computer verbundene Schreibmaschine eingeben. Dieser analysierte die Botschaft mit Hilfe des Programms und druckte die Antwort über die Schreibmaschine aus.

Dieses »Doktor-Spiel« (Weizenbaum nannte dieses spezielle Sprachanalyseprogramm DOCTOR) erfreute sich im Umkreis des Massachusetts Institute of Technology, wo es entstanden war, bald großer Beliebtheit. Man muss allerdings dazu sagen, dass dieses Programm nie für Therapiezwecke, sondern nur zur Demonstration der Möglichkeiten der Sprachanalyse entwickelt wurde.

Der Vater des Programms berichtet, dass ihn folgende Erfahrungen nachdenklich gemacht hätten: erstens, dass einige praktizierende Psychiater allen Ernstes glaubten, man könne das DOCTOR-Programm zu einer fast völlig automatischen Form der Psychotherapie ausbauen. Angesichts des großen Bedarfs an Therapeuten und der hohen Kosten der Therapiestunden wäre dies ein Segen. Weizenbaum merkt dazu süffisant an: *»Als Vorbedingung für die bloße Möglichkeit, dass eine Person einer anderen behilflich sein könnte, mit ihren emotionalen Problemen*

fertig zu werden, hatte ich es bis dahin für wesentlich gehalten, dass der Helfende selbst daran teilnahm, wie der andere diese Probleme erfuhr, und dass er weitgehend dadurch zu deren Verständnis gelangte, dass er sie einfühlend nachvollzog.« (S. 18)
Weiters stellte er »bestürzt« fest, wie schnell und intensiv Personen, die sich mit DOCTOR unterhielten, eine emotionale Beziehung zum Computer herstellten und ihm eindeutig menschliche Eigenschaften zuschrieben.
Die kühnen Träume von einer Computertherapie konnten – zumindest bislang – nicht realisiert werden. Es bleibt aber aus meiner Sicht ein wesentliches Faktum bestehen: Das Gefühl, verstanden zu werden, ist nicht unbedingt an ein mitfühlendes Wesen gebunden, sondern kann sich auch einer Maschine gegenüber einstellen, die die »Eingaben« analysiert und nach bestimmten Regeln beantwortet. Erschreckend? Finde ich nicht. Es zeigt lediglich, wie viel man auch in zwischenmenschlichen Beziehungen erreichen kann, indem man sich bemüht, Regeln zu beherrschen und richtig anzuwenden.

Gestörte Beziehung zu Kindern

Eine lieblose Mutter-Kind-Beziehung hat eine Reihe von Auswirkungen auf das Kind. Eine der gravierendsten besteht darin, dass die Fähigkeit, mit eigenen Kindern liebevoll umzugehen, erheblich eingeschränkt wird. Nicht selten trauen sich die Betroffenen überhaupt nicht zu, Kinder in die Welt zu setzen.

Für Petra steht fest, dass sie kein Kind will.

»Warum habe ich Angst, ein Kind zu bekommen? Ich habe Angst, dass ich das Kind nicht liebe, dass ich werde wie meine Mutter. Was ist, wenn ich es nicht mag?«

Franziska, die, wie bereits erwähnt, Mutter eines 19- und eines 7-jährigen Sohnes ist, sagt über ihre Mutterrolle:

»Ich habe mir vorgenommen, alles anders zu machen, aber ich habe die Neigung, genau die gleichen Fehler bei meinen Kindern zu machen: abwertendes Verhalten, keine körperliche Zuwendung, keine Berührungen, kein Streicheln und so. Das betrifft besonders den älteren Sohn.

Beim jüngeren Sohn war es besser, den habe ich liebevoller angenommen.«

Über das abwertende Verhalten den Kindern gegenüber sagt sie weiter:

»Es war immer diese falsche Bescheidenheit, keine Anerkennung zu geben und alles abzuwerten, was beachtenswert wäre. Das war bei meinem großen Sohn so. Und beim Kleinen, der ist ohnehin ... Schon seine Geburt war in den Augen meiner Mutter ein Fehler, für den ich mich fast entschuldigen habe müssen: Wie kann ich es wagen, noch einmal ein Kind zu bekommen?
Sobald ich in die Nähe meiner Mutter komme, neige ich dazu, durch eine automatische, mir unbewusste Umschaltung alles, was ich normalerweise bei ihm gut finden würde, sofort genau in ihrer Sprache abzuwerten, also irgendwie immer wieder unbewusst ihr gerecht zu werden und auch alles zu verdammen, was ich eigentlich gar nicht möchte.«

Kein Vertrauen in Gefühle

Die Abwehr und Abwertung von Gefühlen, wie wir sie in der lieblosen Mutter-Kind-Beziehung kennen gelernt haben, zeigt zwei wesentliche Auswirkungen: die Unfähigkeit, Emotionen auszudrücken, sowie mangelndes Vertrauen in die eigenen Gefühle und die Gefühle anderer. Es sind dies zwei Eigenschaften, die sich in vielen Bereichen, besonders aber in der Partnerschaft auswirken.

Petra lebte viereinhalb Jahre in einer Beziehung, die einige Monate vor dem ersten Interview in Brüche gegangen war. Sie leidet sehr darunter, dass der Partner kurz nach der Trennung von ihr geheiratet hat. Bei unserem jüngsten Treffen berichtete sie mit einer Mischung aus Stolz und Wehmut, dass sie ihn getroffen und er ihr gesagt habe, dass er sie noch immer liebe. Petra erzählt einige Episoden dieser Partnerschaft. Darin zeigt sich das geringe Vertrauen in Gefühle und der geringe Stellenwert, den sie dem Äußern von Gefühlen beimisst.

»Ich habe in dieser Zeit nie gesagt: ›Ich liebe dich.‹ Das ist mir abgedroschen vorgekommen. Manchmal habe ich gesagt: ›Mein Gott, habe ich einen feschen Mann.‹
Manchmal, nachts vor dem Einschlafen, hat er gesagt: ›Petra, ich hab

dich so gern.‹ Das hat mich in meinem Innersten berührt. Es ist mir wie ein Nadelstich unter die Haut gegangen. Das hat noch nie jemand zu mir gesagt. Ich konnte damit nichts anfangen, es war mir fast unangenehm. Ich habe darauf nur gesagt: ›Ich dich auch.‹
Er hat es eingefordert, er hat es mir zum Vorwurf gemacht: ›Du sagst nie, dass du mich liebst.‹ Ich habe gesagt: ›Du musst ja merken, dass ich für dich da bin, dass ich dich umsorge und umhege.‹ Aber er hat gemeint: ›Das ist mir zu wenig.‹ Ich habe ihm dann geantwortet: ›Sagen kann man leicht etwas, Taten sind wichtig‹. Für mich ist das Vertrauen wichtig, dass ich mich auf ihn verlassen kann, und die Fürsorge.

Er hat mich manchmal wüst beschimpft und sich am nächsten Tag entschuldigt. Es ist leicht, zu sagen, es tut mir leid, aber es ist gesagt und ich habe es gehört.«

Gefühle drängen üblicherweise nicht nur nach einem körperlichen, sondern auch nach einem verbalen Ausdruck. Beides hat Petra als Kind von ihrer Mutter nicht erfahren. Es klingt, als würde die Mutter direkt aus ihr sprechen, wenn sie verbale Liebesbeteuerungen als verlogen (wenn sie unwahr sind) oder als überflüssig (wenn sie wahr sind) abwertet.
Es erinnert an den leider nur zu oft zutreffenden Ehe-Witz: Die Frau sagt zu ihrem Ehemann: »Liebling, du sagst nie, dass du mich liebst.« Darauf er: »Das habe ich dir doch schon vor unserer Hochzeit gesagt. Und wenn es nicht mehr stimmen sollte, erfährst du es rechtzeitig von meinem Anwalt.«

Aber hat Petra nicht eigentlich recht? Welchen Sinn haben Liebesbeteuerungen, wenn sie nicht ständig durch das Verhalten bestätigt werden? Und wenn sie das werden, dann sind sie ja auch nicht notwendig. Gefühle sind nicht dauerhaft und Beteuerungen von Gefühlen sind keine Garantieerklärungen. Sie sind Ausdruck eines momentanen emotionalen Zustands. Nicht mehr, aber auch nicht weniger. Ausgesprochen aus dem Bedürfnis, das Gefühl mitzuteilen, zu dokumentieren, es damit auch ein wenig festzuhalten und das Gegenüber einzubeziehen und möglicherweise auch mitzureißen.
Petra vertraut lieber auf Zuverlässigkeit und Beständigkeit. Auf diesem Boden fühlt sie sich sicher, das kennt sie aus ihrer Kindheit.

Ähnlich war es bei Helga. In ihren Aussagen kommt noch deutlicher zum Ausdruck, dass bei ihr kein Mangel an Gefühlen besteht, sondern dass sie bis vor einigen Jahren nicht in der Lage war, diese adäquat auszudrücken, sie in Verhalten umzusetzen. Aber das, was der Partner (oder das Kind) zu spüren bekommt, ist letztlich das Verhalten.

»Meine erste Vorstellung davon, wie man Liebe ausdrückt, war von Unfreundlichkeiten und kleinen Verletzungen geprägt. Im Schulbus, mit 16, habe ich einmal einem Schulkollegen, in den ich verliebt war, völlig grundlos eine Ohrfeige gegeben. Erst nachher ist mir klar geworden, dass das ein völlig unpassendes Verhalten war. Es hat aber dem entsprochen, was ich bei meinem Bruder und meiner Mutter gelernt habe.

Zu meinem Mann war ich oft sehr bösartig, abwertend, zänkisch und grausam. Gleichzeitig ist es mir in den ganzen 32 Jahren der Beziehung aber nie ernsthaft in den Sinn gekommen, mich von ihm zu trennen. Erst als ich nach rund fünf Jahren Psychotherapie einen Traum gehabt habe, in dem ich meinem Mann in Streifen die Haut abgezogen habe, ist mir bewusst geworden, wie grausam ich oft bin. Ich habe dann mein Verhalten mit großer Disziplin korrigiert. Da mein Mann auch eine entsprechende Leidensgeschichte hat, hat er sich nie gegen meine Bösartigkeiten und Abwertungen gewehrt. Erst seit einigen Jahren setzt er sich zur Wehr, wenn ich wieder in alte Verhaltensweisen zurückfalle. Es fällt mir auf, dass diese Rückfälle besonders vor, während oder nach Besuchen bei meiner Mutter passieren. Da bin ich manchmal schon Stunden, bevor wir fahren, zänkisch, gereizt und perfektionistisch. Da kann mir keiner etwas recht machen.«

»In der Sexualität war ich bis vor einigen Jahren immer blockiert. Ich habe sie aus Pflichterfüllung über mich ergehen lassen. Obwohl ich eine eifrige Seitenspringerin war. Immer auf der Suche nach ein bisschen Anerkennung, Aufmerksamkeit und Zärtlichkeit.«

Beruflicher Erfolg

Wir haben schon gesehen, dass das Aufwachsen mit einer lieblosen Mutter für eine Paarbeziehung nicht gerade förderlich ist. Wie aber schaut es mit dem beruflichen Erfolg aus? Hier scheinen die Vorzeichen bei Betrachtung unserer Interviewpartnerinnen anders zu sein. Analysiert man aber genauer, worauf es bei diesem so genannten beruflichen Erfolg ankommt, welche Eigenschaften und welche Verhaltensweisen dabei gefragt sind, dann verwundert das nicht sehr.

Nehmen wir das Beispiel Petras. Sie hat bereits als Kind enorme Anstrengungen unternommen, die Liebe der Mutter oder wenigstens deren Aufmerksamkeit oder Anerkennung zu gewinnen. Im Berufsleben setzt sie das fort. Es ist das Verhalten, das sie von Kindesbeinen an gelernt hat: sich anstrengen, viel von sich verlangen, leiden. Sie bewältigt die beruflichen Herausforderungen mit unglaublichem Arbeitseinsatz und ohne Schonung ihrer Person. Sie geht lieblos mit sich und ihren Ressourcen um. Petra hat es im Bereich des Finanz- und Rechnungswesens zu Spitzenpositionen in der Wirtschaft gebracht. Am ausgeprägten Selbstvertrauen und Selbstbewusstsein kann es nicht gelegen sein, dass ihr das gelang, ihr Trumpf war ihre Anstrengungsbereitschaft.

»Ich habe mir nichts zugetraut. Als mir ein Job angeboten wurde, habe ich im letzten Moment abgesagt, aus Angst zu versagen. Diese Angst hat mich immer begleitet; die Angst zu versagen, dass ich es nicht schaffe. Die anderen haben gesagt, ich bin so toll, aber ich habe es ihnen nie geglaubt. Der Knopf ist mir erst aufgegangen bei einem Gruppendynamik-Seminar. Da wurde ich dann selbstsicherer.«

Als die Computerfirma, bei der Petra arbeitete, von einem anderen Unternehmen gekauft wurde, übernahm man auch ein Softwareprogramm, das jedoch für die Buchhaltung nicht ausgetestet war. Zusätzlich wurde die Buchhaltung von vier Filialen dazu übernommen. Kein Problem für Petra.

»Ich bin um halb sieben von zu Hause weggefahren und habe oft bis um Mitternacht gearbeitet. Und das ungefähr ein Jahr lang. Ich habe damals eine so genannte Wochenend-Migräne bekommen. Ich habe mir diese Anfälle nicht erklären können. Dass es der Stress war, darauf wäre ich nie gekommen. Bei der letzten Firma habe ich das erste halbe Jahr auch an den Wochenenden und Feiertagen gearbeitet. Ich habe dann ein Burn-out bekommen.«

Eine solche Mitarbeiterin wünscht sich wohl jeder Chef. Eine, die sich nicht schont. Eine, die ständig Angst hat, es nicht zu schaffen, und die sich nie ein Versagen erlauben würde. Eine, die nicht gelernt hat, sich

selbst zu lieben, und die daher lieblos mit sich selbst umgeht. Eine, die bereit ist, sich für Anerkennung bis an die gesundheitlichen Grenzen anzustrengen.
Im Beruf gibt es diese Anerkennung wenigstens in Form von Lob durch Kollegen und Vorgesetzte und durch steigende Gehälter. Aber die Anerkennung durch die Mutter, die den ursprünglichen und, wie ich behaupte, noch immer wirksamen Antrieb darstellt, war auch damit nicht erreichbar und Petra muss letztlich zur Kenntnis nehmen: »*Meine Mutter hat sich nie dafür interessiert, was ich arbeite.*« Im Sinne der Psychoanalytiker könnte man sagen: Petra hat die Mutter im Über-Ich internalisiert und dort wacht sie darüber, dass sich Petra nur ja nichts Gutes tut und das Leben als Pflicht und Leid begreift.

Auch Franziska hat eine überaus erfolgreiche berufliche Karriere durchlaufen, zumindest wenn man das Einkommen und die erreichten Positionen als Kriterien heranzieht. Sie führte nach Abschluss ihres Jura-Studiums den Gewerbebetrieb des Vaters. Danach war sie in mehreren Industriebetrieben im Personalmanagement tätig, zuletzt mit dem Schwerpunkt Personalabbau. Franziska berichtet über diese Tätigkeit:

»*Ich habe in diesen Jahren überwiegend Leute abgebaut. Ich habe mehrere Hundert Beschäftigte gekündigt und Lohnkürzungen durchgesetzt. Und selbst schwierige Mitarbeiter mit fast unkündbaren Dienstverhältnissen bin ich losgeworden. Dafür setzt mir die Firma heute noch ein Denkmal.*
Nach einem Jahr habe ich gewusst, sie brauchen mich zum Verheizen. Das greift kein Firmeninterner an. Die haben von meiner Stärke gelebt, dass ich vor keinem Tabuthema Angst habe.
Nach einigen Jahren habe ich gesehen, ich habe mich übernommen. Ich bin in ein Burn-out hineingelaufen. Ich war am Ende. Ich war ein lebender Leichnam. Ich habe keine Kontakte mehr gepflegt, war nur noch depressiv. Ich war total lebensunfähig. Die Alarmglocken haben geschrillt, als ich massivste Gedächtnisstörungen bekommen habe.«

Die Beschreibung ihrer beruflichen Tätigkeit macht deutlich, dass Franziska Emotionen, Mitgefühl, Empathie vermeiden musste, sonst hätte sie ihre Aufgabe nicht erfolgreich ausführen können. Eine Person zu kündigen, aber nicht mit einem Federstrich und anonym, wie es ihre Vorgesetzten getan haben, sondern von Angesicht zu Angesicht, erfordert extreme Gefühlsverdrängung. Aber dies war etwas, das sie schon

als Kind gelernt hat. Hier hatte sie einen Job, in dem sie für Gefühlsverdrängung bezahlt wurde. Gut bezahlt. Sie konnte sozusagen ein Defizit vermarkten.
Aber die Psyche schlug zurück. Das Elend der Gefühlsverdrängung kann man kaum treffender beschreiben als mit dem Bild des »lebenden Leichnams«.
Auch dieses Beispiel zeigt, dass der berufliche Erfolg mit einer seelischen Störung, in diesem Fall mit einer extremen Gefühlsabwehr, in Zusammenhang steht. Hätte Franziska einen Therapeuten aufgesucht und wäre es ihr mit ihm gelungen, dieses emotionale Defizit auszugleichen, sie hätte – und das ist keine gewagte These – diesen Job nicht machen können.

Um ein beruflich erfolgreiches Leben zu führen, ist eine problematische Mutterbeziehung offensichtlich kein Hindernis. Im Gegenteil: In vielen Fällen ist sie geradezu ein Karriere-Motor. Besonders deutlich wird das bei der lieblosen Mutter und bei der narzisstischen Mutter. Im Falle der lieblosen Mutter funktioniert es nach dem Mechanismus, dass sich die betroffenen Kinder Liebe und Zuneigung durch Leistung verdienen wollen. Die narzisstische Mutter benützt das Kind dazu, ihre eigenen narzisstischen Bedürfnisse zu befriedigen. Alle ihre Energie ist darauf ausgerichtet, ihre Ziele mit Hilfe des »Werkzeugs Kind« zu realisieren. Eine solche Mutter ist geradezu ein Erfolgsgarant, sofern das Kind mitspielt und über ausreichende Fähigkeiten verfügt. Das Ergebnis sind nicht selten viel bewunderte Karrieren und großartige Leistungen. Wie es allerdings »drinnen« ausschaut, ist eine andere Frage. Wie drückte es Manfred, erfolgreicher Sohn einer narzisstischen Mutter, aus? *»Es war ein Potemkinsches Leben, ein Fassadenleben. Ob ich innere Befriedigung, Glück empfinde, ist völlig egal.«* Plakativ könnte man sagen: Eine gute Mutterbeziehung ist eine wichtige Voraussetzung für ein glückliches Leben. Eine problematische Mutterbeziehung kann hingegen ein wirkungsvoller Antrieb für beruflichen Erfolg sein.

Ich muss mich noch mehr anstrengen

Sich immer noch mehr anzustrengen, um, wenn schon nicht Liebe, so doch Anerkennung zu bekommen – dieses Verhaltensmodell der Kinder liebloser Mütter funktioniert nicht nur im Berufsleben. Auch in den Beziehungen zu Freunden und Partnern spielt es eine Rolle. Das Lernmodell im Hintergrund ist immer der vergebliche Versuch, die Liebe der Mutter zu erringen. Zum Beispiel bei Susanne:

»Durch den Umstand, dass meine Mutter mir das Gefühl gegeben hat, nicht wirklich erwünscht zu sein, außerdem das falsche Geschlecht zu haben, hat sie mir immer vermittelt, als Mensch nicht genug wert zu sein. Ich habe immer versucht, mit irgendwelchen Leistungen zu beweisen, dass ich etwas wert bin. In meinen Beziehungen habe ich versucht, dieses Gefühl, etwas wert zu sein, von meinen Partnern zu bekommen. Und erst nach vielen Jahren – ich würde sagen, ich war mindestens 40 Jahre alt – ist mir klar geworden, dass ein Mensch an sich etwas wert ist und dass er das nicht beweisen kann oder beweisen muss.«

Ähnlich verlief dieser Prozess bei Helga:

»Ich habe immer geglaubt, ich könnte mir irgendwann die Aufmerksamkeit und die Liebe der Menschen verdienen, ich muss mich nur noch mehr anstrengen. Wie bei meiner Mutter. Immer habe ich gedacht, ich könnte ihre Liebe und Aufmerksamkeit durch gutes Lernen, gute Leistungen, kleine Geschenke, großes Verständnis und ständige Korrekturen an mir selber verdienen. Heute weiß ich, dass ich bestenfalls ihre Anerkennung bekomme. Mehr ist nicht drinnen. Mehr brauche ich nicht zu erwarten. Dank der Therapie habe ich aufgehört, mehr zu erwarten. Wenn ich mehr will, muss ich es bei anderen Menschen suchen.
Aber es fällt mir auch schwer, zu glauben, dass es überhaupt irgendwo, außer bei meinem Mann, mehr gibt als Anerkennung für meine Leistungen. Da ich nichts anderes gelernt habe, als zu arbeiten und zu leisten, ist es sehr schwierig, freundschaftliche Kontakte zu pflegen.«

Und Helga vertraute mir ein geradezu unglaubliches Beispiel dafür an, dass die Überzeugung, im Leben nichts geschenkt zu bekommen, sogar stärker sein kann als alle Realität. Sie kaufte gelegentlich ein Brieflos für damals zehn Schilling (ca. 73 Cent). Dies nicht etwa, um zu gewinnen, sondern um die Bestätigung zu erhalten, nichts gewinnen zu können. So lief es jahrelang. Immer wieder las sie nach dem Öffnen des Briefloses, dass sie »leider nicht« gewonnen habe, und die Welt war wieder bzw. blieb in Ordnung.
Eines Tages hatte sie in einem entfernten Stadtteil zu tun und erstand bei dieser Gelegenheit wieder einmal ein Brieflos. Sie öffnete es gleich, fand aber nicht den erwarteten Text: »Leider nicht«. Stattdessen stand

da etwas von einer Million. Helga hielt das für eine Reklame und suchte weiter nach dem vertrauten »leider nicht«. Sie spürte die neugierigen Blicke der Geschäftsinhaberin und der Kundinnen und um das Ganze abzukürzen sagte sie: »Leider nicht«, zerknüllte das Brieflos und warf es in den Papierkorb, den ihr eine der Kundinnen hinhielt.
Nach einigen Wochen schaute sie sich ein Brieflos genauer an und merkte, dass es diese Reklame gar nicht gab. Da wurde ihr bewusst, dass sie eine Million Schilling (über 72.000 Euro) gewonnen und weggeworfen hatte.
Aber was sollte sie schließlich auch mit einem Gewinn? Er würde nur ihr Bild von sich und der Welt in Unordnung bringen.

»Heute kann ich über das Ganze lachen. Ich habe mir seither nie mehr ein Brieflos gekauft. Ich habe gewusst, dass es keinen Sinn hat, weiterhin Lose zu kaufen, wenn ich innerlich nicht bereit bin, etwas, das mir geschenkt wird, auch anzunehmen.«

Der Zwang zur Wiederholung

Warum gibt es Mütter, die so gar nicht in das Bild passen wollen, das man sich gemeinhin von ihnen macht? Man mag Machtmütter, Opfermütter oder auch narzisstische Mütter eventuell noch verstehen und ihr Verhalten als Verzerrungen der Mutterliebe interpretieren, wie es der Titel »In aller Liebe« ausdrückt. Aber lieblose Mütter? Das klingt wie ein Widerspruch in sich.
Und doch gibt es sie. Aber wie kommt es, dass manche Mütter nicht in der Lage sind, ihr Kind liebevoll anzunehmen, ihm körperliche Zuwendung, Anerkennung und Interesse zu schenken?
Sehr viele Autoren, die sich mit diesem Thema beschäftigt haben, sehen den Grund darin, dass diese Mütter als Kinder das gleiche Schicksal erlitten haben, dass sie selbst Mutterliebe nie erfahren haben.
Rosie Jackson (1995) zum Beispiel, die gestörte Mutter-Kind-Beziehungen untersuchte, kommt zu dem Schluss, dass das Muster der Mutter-Kind-Beziehung von einer Generation auf die nächste weitergegeben und eine Störung in diesem Bereich oft reproduziert wird. *»Wir bekommen von unseren Müttern einen Stempel aufgedrückt, und wenn die Mutter unter Störungen im Gefühlsbereich litt, krank oder depressiv war, nimmt die Tochter dies in ihrer Kindheit auf und wird es später, wenn sie selbst Mutter ist, weitergeben.«* (S. 297)

Auch die interviewten Kinder liebloser Mütter vermuten die Ursachen für deren Verhalten in den Kindheitserfahrungen. Franziska sieht den Grund für die Lieblosigkeit ihrer Mutter darin, dass »sie in einer brutalen Bauernfamilie aufgewachsen ist«.
Auch Helgas Mutter dürfte als Kind wenig Liebe erhalten haben, da deren Mutter selbst eine triste Kindheit verlebte:

»Die Mutter meiner Mutter war im Waisenheim und ist dann, wie es damals üblich war, zu einem Bauern gegeben worden zum Arbeiten.«

Brigitte, eine 56-jährige Versicherungsangestellte, sagt über ihre Mutter, die sie ohne Zärtlichkeit und Interesse aufgezogen hat:

»Unsere Eltern haben uns nie umarmt, aber ich habe das verstanden. Sie haben es nie gelernt. Wir waren gut versorgt, hatten eine gute Schulausbildung, aber verwöhnt wurde niemand. Sie hat sich nicht wirklich für uns interessiert, ist nicht auf uns eingegangen. Aber das war wahrscheinlich diese Generation. Das habe ich schon von meiner Großmutter gekannt.«

Die Annahme, dass emotionale Defizite in der eigenen Kindheit sich auf die spätere Elternrolle auswirken, wird durch die Bindungsforschung voll bestätigt.

Exkurs über das Bindungsverhalten

Unter Bindungsverhalten versteht man eine Reihe von Handlungen, mit denen das Kind versucht, die Nähe der Mutter bzw. der Bindungsperson aufrechtzuerhalten, wie etwa Schreien, Lächeln, Nachfolgen und Anklammern. Sie treten nach dem sechsten Lebensmonat auf; nach dem dritten Geburtstag können die Kinder üblicherweise die zeitweilige Abwesenheit der Mutter bzw. der Bezugsperson akzeptieren.
Mary Ainsworth fand bei Tests an Kleinkindern drei Arten von Bindungen an ihre Mütter:

- sichere,
- ängstlich/vermeidende und
- ängstlich/ambivalente Bindung.

Ungefähr 70 Prozent der Kleinkinder-Beziehungen sind nach diesen Untersuchungen »sicher«. Die betreffenden Kinder suchen den Kontakt zur Mutter, fühlen sich in ihrer Gegenwart sicher und erkunden aus dieser Sicherheit heraus ihre Umgebung. Ist die Mutter abwesend, zeigen sie Kummer, kommt sie wieder, wird sie stürmisch begrüßt. Ca. 20 Prozent zeigen wenig Interesse an Interaktionen mit der Mutter und etwa 10 Prozent wirken ambivalent; sie suchen nur manchmal die Nähe zur Mutter.

John Bowlby, ein englischer Psychiater, der sich als einer der ersten mit dem Bindungsverhalten von Kindern beschäftigte, stellte die zentrale These auf: »*Sobald ein Mensch, der als Kind unter Mangel an Zuwendung litt, Vater oder Mutter wird, zeigt er die Tendenz, die Umstände, die zur eigenen Deprivation (Mangelsituation, Anm.) geführt haben, zu reproduzieren.*« (Zit. nach Jackson, 1995, S. 296)

Auch Michael Rutter ist aufgrund seiner Untersuchungen der Meinung, dass die Erfahrungen einer Frau in der Kindheit eng mit ihrem Verhalten als Mutter zusammenhängen. Früh erlebte Zurückweisung könne dazu führen, dass man später nicht mehr liebesfähig ist.

Bowlby (1984) führt diese Tendenz zur Reproduktion auf die Identifikation des Kindes mit den Eltern zurück: »*Da Kinder in all diesen Bereichen dazu neigen, sich unbewusst mit den Eltern zu identifizieren und, wenn sie selbst Eltern sind, die gleichen Verhaltensmuster, die sie in ihrer Kindheit erfahren haben, ihren eigenen Kindern gegenüber anzunehmen, werden Interaktionsmuster mehr oder weniger unverändert von einer Generation an die andere weitergegeben.*« (S. 379 ff)

Dieser Annahme, dass die Identifikation mit den Eltern für die Reproduktion der Verhaltensmuster verantwortlich ist, kann ich aufgrund meiner, zugegeben schmalen, Basis von Interviews mit Töchtern und Söhnen nicht zustimmen. Im Gegenteil. Die meisten der betroffenen InterviewpartnerInnen haben sich explizit vorgenommen, es bei ihren Kindern anders zu machen, weil sie den Erziehungsstil und die Elternbeziehung, die bei ihnen praktiziert wurden, zutiefst ablehnen. Das Problem ist: Sie haben nichts anderes gelernt als diese Verhaltensmuster. Und die schlagen immer wieder durch.

Das frühkindliche Bindungsverhalten hat also wesentlichen Einfluss auf die spätere Elternrolle. Aber nicht nur darauf. Nach der Bindungstheorie ist die Art der Bindung zwischen dem Kleinkind und der Mutter bzw. der Betreuungsperson auch von entscheidender Bedeutung für spätere Beziehungen in Partnerschaften und in sozialen Gruppen. Menschen, die in der frühen Kindheit eine Mutter oder eine Betreuungsperson hatten, die ihnen ständig zur Verfügung stand und

die, wenn sie unter Belastung standen, sensibel auf ihre Bedürfnisse einging, werden am ehesten einen sicheren Beziehungsstil entwickeln. Sie werden andere Menschen als vertrauenswürdig, verlässlich und hilfreich ansehen.
Andere Forscher (Shaver und Mitarbeiter) fanden heraus, dass sich die Liebesbeziehungen Erwachsener in drei größere Muster einteilen lassen, die den Typen der frühen Mutter-Kind-Bindungen von Ainsworth stark ähneln. Erwachsene mit sicheren Bindungsbeziehungen empfinden enge persönliche Kontakte als angenehm und lohnend. Sie haben Vertrauen in den Partner/die Partnerin und lassen ihm/ihr genügend Spielraum als unabhängige Person.
Ängstlich/vermeidende Partner fühlen sich in engen Beziehungen nicht wohl. Sie scheuen sich, solche einzugehen und sich auf einen Partner/eine Partnerin festzulegen.
Erwachsene mit ängstlich/ambivalenter Bindung sind unsicher in ihrer Beziehung. Sie sorgen sich, dass sie wohl genug geliebt und nicht verlassen werden. Sie verlangen ständig Liebesbeweise, sind aber selbst in ihren Liebesbekundungen nicht verlässlich.
Das Entwicklungspsychologen-Ehepaar Karin und Klaus Grossmann stellte ebenfalls fest, dass sich die Bindungsfähigkeit und Sicherheit in der Partnerbeziehung im Erwachsenenalter aus dem Bindungsverhalten im Alter von ein bis zwei Jahren mit großer Wahrscheinlichkeit voraussagen lässt. *»Die Erklärung dafür ist, dass die frühkindlichen Erfahrungen in der Mutter-Kind-Beziehung emotional prägend dafür sind, wie Jugendliche und später Erwachsene mit sich und anderen umgehen, welches Zutrauen sie zu sich und den eigenen Kräften haben, und in welchem Maße sich ihre Fähigkeit entwickelt, die Gefühle und Motive der Anderen einzuschätzen und im eigenen Verhalten zu berücksichtigen.«* (Roth, 2001, S. 352) Die Grossmanns fanden weiter heraus, dass die Mutter im ersten Lebensjahr, der Vater vor allem im zweiten Lebensjahr den größten Einfluss ausübt.
In dieselbe Kerbe schlägt Jürg Willi, ein Schweizer Psychiater und Psychotherapeut (»Die Zweierbeziehung«). Er fand heraus, dass die quälenden, destruktiven und zählebigen Paarkonflikte auf einem unbewussten neurotischen Zusammenspiel, der so genannten Kollusion, beruhen. Er sieht einen Zusammenhang zwischen der konfliktbeladenen Mutter-Kind-Beziehung und der späteren Zweierbeziehung. *»Jeder Mensch nimmt unbewältigte Konflikterfahrungen aus der Kindheit in sein späteres Leben mit. Diese werden in ähnlich gelagerten Beziehungskonflikten, in Stress-Situationen des Zusammenlebens und in*

Reifungskrisen des Erwachsenen aktualisiert und bestimmen die ›Lösungen‹.« (J. Willi, 1975, S. 186)

Muss man Liebe lernen?

Die Hirnforschung belegt die Wichtigkeit der frühkindlichen Erfahrungen für die Entwicklung der Gefühlswelt. Für unsere Emotionen ist das limbische System in unserem Gehirn zuständig. Gefühle entsprechen bestimmten Zuständen in diesem Hirnteil. Dieses System ist bereits vor der Geburt des Kindes voll funktionsfähig, lange vor unserem Wahrnehmungs- und Denkvermögen.

Auf der mittleren Ebene des limbischen Systems erfolgt die emotionale Konditionierung. Bereits im Mutterleib wird alles, was der Körper tut, nach den positiven und negativen Auswirkungen bewertet und die Resultate werden im unbewussten emotionalen Erfahrungsgedächtnis gespeichert. Der Lernprozess, der nach unserer Geburt noch erfolgt, betrifft die Differenzierung der Gefühlserlebnisse, die Reaktion der Umwelt auf unsere Gefühle und das Erkennen der Gefühlszustände anderer Menschen. Später erst entwickeln sich unsere Fähigkeiten, Gefühle zu unterdrücken.

Im ersten Lebensjahr wird das Kind emotional auf die Mutter »geprägt«. Indem sie das Kind mit seinen Gefühlen bzw. mit dem körperlichen Ausdruck dieser Gefühle annimmt oder zurückweist, gibt sie die erste Bewertung dieser Emotionen ab. Von ihrer Reaktion hängt es ab, ob diese Gefühle positiv oder negativ bewertet werden, ob Vertrauen in die eigenen Gefühle entwickelt wird oder ob sie künftig vermieden werden.

Es stimmt schon: Die Mutter ist für die emotionale Entwicklung des Kindes das entscheidende Modell. Aber nicht in dem Sinn, dass das Kind von ihr Gefühle lernt. Vielmehr lernt das Kind, dass bestimmte Gefühle von der Mutter angenommen und andere nicht angenommen werden. Dieser Lernprozess läuft beim Kleinkind ohne Beteiligung des Bewusstseins ab. Wenn dann bewusstes Wahrnehmen und Handeln einsetzen, ist der emotionale Speicher bereits wohlgefüllt. Es bedarf auch nicht der Sprache. Das Kind ist in der Lage, aus kleinsten Körperreaktionen der Mutter oder aus Veränderungen des Tonfalls zu erkennen: Ich bin mit diesem Gefühl angenommen. Oder auch nicht. Diese emotionale Programmierung des Kindes wird sein Leben bestimmen.

Nur noch Wunschkinder?

Der Wiederholungszwang ist die eigentliche dramatische Konsequenz einer problematischen Mutter-Kind-Beziehung. Sind unbefriedigende Partnerbeziehungen, mangelnde Liebesfähigkeit und fehlendes Selbstvertrauen schon fatale Folgen, so kommt im Wiederholungszwang der Mutter-Kind-Beziehung das Bewusstsein hinzu, dass das Unglück mit dem eigenen Leben nicht beendet ist, sondern sich weiter fortsetzt. Kann man gar nichts dagegen tun? Läuft es ab, wie die sprichwörtliche griechische Tragödie?

Wie bereits dargestellt, ziehen manche der Kinder liebloser Mütter die Konsequenz, keine Nachkommen zu haben, aus Angst, sie nicht lieben zu können und als Eltern in die gleichen Verhaltensmuster zu verfallen, unter denen sie als Kinder gelitten haben.
Ist das die Lösung des Problems, dass sich nur solche Frauen entschließen, Kinder in die Welt zu setzen, die auch in der Lage sind, sie bedingungslos zu lieben?
Heute besteht in einem noch nie da gewesenen Ausmaß die Möglichkeit, (nur) Wunschkinder in die Welt zu setzen. Dabei stellt dies eine relativ junge Errungenschaft dar, die man in die zweite Hälfte des 20. Jahrhunderts datieren kann. Die »Väter« des Wunschkindes sind einerseits die Möglichkeiten der einfachen und sicheren Empfängnisverhütung durch die Pille und andererseits der gering(er) gewordene gesellschaftliche Druck, Kinder haben zu müssen. Ein Paar kann heute, zumindest leichter als jemals zuvor, für sich bestimmen, kinderlos zu bleiben, ohne deshalb diskriminiert zu werden. Staatliche Anreize, Nachkommen zu haben, sind zwar vorhanden, aber sie sind nicht so ausgeprägt, dass sie diese Entscheidung wesentlich beeinflussen könnten. Im Gegenteil: Kinderlose Paare können sich in der Regel weit mehr leisten als solche mit Kindern.
Während sich früher auch solche Frauen gezwungen sahen, Mutter zu werden, die diese Rolle gar nicht wollten und die sich nicht in der Lage fühlten, dem Kind Liebe und Zärtlichkeit zu geben, können sie heute kinderlos bleiben, ohne gesellschaftliche Ächtung zu erleiden oder zwangsläufig das Gefühl zu haben, nur eine »halbe Frau« zu sein. Aber ist das eine Lösung des Problems? Wollte man ernsthaft die Frage stellen, ob es besser ist, nicht geboren zu werden oder mit einer lieblosen Mutter aufzuwachsen? Aus den von mir interviewten Töchtern und Söhnen ist trotz einer problematischen Mutterbeziehung in der

Regel »etwas geworden«, sie haben ihr Leben gemeistert, haben zum Teil große berufliche Leistungen erbracht, wenngleich der emotionale Bereich meist etwas »unterbelichtet« geblieben ist.
Und schließlich sollte man die Möglichkeiten des Lernens, sowohl bei der Mutter, als auch beim Kind, nicht unterschätzen.

Kann man Liebe lernen?

Folgt man den Ausführungen des deutschen Psychologen und Hirnforschers Gerhard Roth (2001, S. 353), so sind die Möglichkeiten, im reifen Alter etwas zu lernen, das man nicht von der Natur mitbekommen hat oder das einem nicht in den ersten Lebensjahren vermittelt worden ist, äußerst gering. Aufgrund der Analyse von einschlägigen Forschungsergebnissen kommt er zu folgender »vorsichtigen« Einschätzung: 40 bis 50 Prozent der Persönlichkeit sind genetisch bedingt, 30 bis 40 Prozent beruhen auf Prägungs- und Erlebnisprozessen der ersten fünf Lebensjahre; und lediglich 20 Prozent stehen für das Lernen in späteren Jahren zur Verfügung. Aber manche Menschen können mit diesen 20 Prozent offensichtlich eine ganze Menge anfangen.
Ich fand in den Interviews zahlreiche Belege für späteres Erlernen auch so elementarer Fähigkeiten wie Gefühle zulassen und ausdrücken oder Zärtlichkeit geben. Das betrifft sowohl das Verhalten gegenüber den eigenen Kindern als auch das gegenüber Partnern.

Franziska zum Beispiel verhielt sich dem ersten Sohn gegenüber so, wie sie es von ihrer Mutter kannte. Beim zweiten Kind gelang es ihr schon besser, sich von diesem »Vorbild« zu lösen (siehe Zitat Seite 112).

Ähnlich war es bei Johannes, dem Sohn einer Machtmutter:

»Zuerst habe ich den Erziehungsstil voll übernommen, mit Strafen, wie es bei meiner Mutter war. Beim zweiten Kind habe ich mehr zugehört und das Kind reden lassen. Genau das, was ich ablehne, habe ich zuerst selbst gemacht. Ich bin aber dann darüber hinaus gegangen. Ich habe meine Kinder nie als Besitz angesehen.«

Obwohl Susanne als Kind von ihrer Mutter nie Zärtlichkeit bekommen hatte, war es ihr möglich, dies zu lernen:

»Ich hatte meinen Kindern gegenüber immer zärtliche Gefühle als Mutter. Ich war dazu in der Lage. Und das ist meiner Mutter aufgefallen. Sie hat sich gewundert, dass ich das kann. Und da hatte ich das Gefühl, dass sie in irgendeiner Form über ihre Vergangenheit nachdenkt. Weil ich meine Kinder zu mir ins Bett gelassen und gestreichelt und gehalten habe und, wenn sie geweint haben, sie gleich geholt und mit mir herumgetragen und herumgeschleppt habe. Das ist ihr aufgefallen. Sie hat kein Problem damit gehabt, dass ich das tue, aber sie hat sich darüber gewundert. Das ist mir aufgefallen und es hat mich bestärkt, dass es richtig ist. Und ich habe dann auf der anderen Seite versucht, meine Kinder auch sie selber sein zu lassen und sie zu akzeptieren, wie sie sind. Nachdem sie beide ganz anders sind als ich, ist es eigentlich ganz offensichtlich, dass es mir gelungen ist.

Aber ich habe das sicher erst lernen müssen. Und das lernt man nicht nur in Beziehung zu Kindern, sondern in Beziehung zu Partnern. Das ist einmal die Voraussetzung. Die Frage ist, wem man dann begegnet, welchen Männern man begegnet. Geben die einem die Möglichkeit, das zu entwickeln, was man selbst nicht bekommen hat? Das ist, glaube ich, die Voraussetzung.«

Aber es ist nicht nur eine Frage des Zufalls, wie Susanne meint, ob man an einen Partner gerät, der die Möglichkeit gibt, Gefühle zuzulassen und auszudrücken. Es ist vielmehr eine Frage der unbewussten Auswahl. Meist suchen sich Personen, die ein emotionales Defizit haben, eine Partnerin/einen Partner, die/der sie mit Gefühlen nicht überfordert und sie eher verdrängt.

Helga hatte es ebenfalls von der Mutter nicht gelernt, Gefühle auszudrücken. Auf die Frage, ob sie es heute könne, sagt sie:

»Heute schon, aber das habe ich lernen müssen. Da habe ich wirklich viel, viel lernen müssen. Auf einer Skala von 0 bis 100 habe ich, nur so geschätzt, bei 5 angefangen und bin bis 80 gegangen. Oder bis 90. Daheim hat es nur ein unfreundliches Anherrschen gegeben, wenn jemand irgendeine Art von Gefühlen gezeigt hat. Es ist auch nicht gelacht worden bei uns zu Hause. Das war genau so verpönt wie Freude, Fröhlichkeit. Das hat es alles einfach nicht gegeben.«

Diese Beispiele belegen, dass es möglich ist, auch unter schlechten

Startbedingungen noch viel zu lernen und eine Seite der Persönlichkeit zu entwickeln, die in der Kindheit zu kurz gekommen ist. Allerdings braucht man dazu außer günstigen Umständen (z. B. in Gestalt eines sensiblen Partners) Bereitschaft und viel Disziplin. Was mit einer liebevollen Mutter mühelos in den ersten Lebensjahren angeeignet werden kann, erreicht man später, wenn überhaupt, nur mit größter Anstrengung. Aber es geht.

Die späte Beziehung zur lieblosen Mutter

Die späte Beziehung des Kindes zur »lieblosen Mutter« hat eine eigene Charakteristik. Einerseits besteht sehr viel Abwehr der Kinder gegenüber der Mutter, bis zum Ekel und zum körperlichen Unbehagen. Auf der anderen Seite zeigt sich so etwas wie ein Drang, immer wieder den Versuch zu wagen, die Liebe der Mutter zu erringen, um dann doch wieder eine Verletzung oder Zurückweisung einzustecken.

Franziska beschreibt ihr derzeitiges Verhältnis zur Mutter, die mittlerweile 82 Jahre alt geworden ist, als distanziert und hasserfüllt. Die körperliche Nähe zu ihr erlebe sie als extrem unangenehm. Der Begrüßungskuss sei ihr ekelhaft. Aus der Ferne gelinge es ihr, vom Kopf her Verständnis für die Mutter zu entwickeln, und sie nehme sich vor, auf bestimmte Verhaltensweisen nicht mit den immer gleichen Mechanismen zu reagieren. Aber regelmäßig werde sie von ihren negativen Emotionen überschwemmt und alle Vorsätze seien zunichte. Und beim nächsten Mal werde wieder derselbe erfolglose Versuch unternommen.

»In der Entfernung versuche ich, Verständnis aufzubringen, weil sie in einer brutalen Bauernfamilie aufgewachsen ist. Ich nehme mir vor, sie zu nehmen, wie sie ist, und mich nicht mehr verletzen zu lassen.
Aber wenn ich sie sehe, durchströmt mich ein unangenehmes Gefühl. Ich finde sie abstoßend. Wenn ich bei ihr bin, ist mir rational alles klar, emotional bin ich hilflos. Ich gehe ihr immer wieder auf den Leim. Innerlich bricht mein Schutzgebäude sofort ein und ich bin verletzlich wie eh und je. Im Grunde stehe ich wieder nackt vor ihr.«

Dieses Zitat von Franziska macht deutlich, wie wenig die bloße rationale Aufarbeitung des Konfliktes bewirkt. Die Defizite und Verletzungen liegen im emotionalen Bereich. Was muss da alles passiert sein, bis

es zu dieser körperlichen Abneigung gegen die Mutter kam? Gegen die Person, mit der einmal die innigste körperliche Verbindung bestand, die man sich überhaupt vorstellen kann?
Es wirkt so, als hätte sich das kindliche Bedürfnis nach Zärtlichkeit und körperlichen Berührungen in das Gegenteil, in Abwehr verwandelt. Es mutet an wie das Verhalten eines störrischen Kindes: Du hast mir die Zärtlichkeit nicht gegeben, als ich sie gebraucht hätte, jetzt will ich sie nicht mehr. Im Gegenteil: Es ekelt mich davor.

Auch Helga kämpfte um die Liebe der Mutter (74), die an Multipler Sklerose leidet, mit Besuchen und Hilfeleistungen. Erst vor kurzer Zeit (Helga ist 47 Jahre alt) wich die Anstrengung einer gewissen Abgeklärtheit. Auf die Frage, wie ihr derzeitiges Verhältnis zur Mutter sei, sagt sie nach einer langen Pause:

»Distanziert, kühl. Ich kümmere mich darum, dass alles läuft, dass sie nicht in ein Pflegeheim muss. Hass spüre ich jetzt eigentlich kaum noch gegen sie. Es ist irgendwie .... es ist eher Resignation oder ... ich weiß nicht, ich weiß gar kein richtiges Wort dafür. Ich weiß nur, da ist nichts mehr zu erwarten. Was soll's, sie ist halt so.
Ich habe im letzten Jahr ziemlich nachgelassen als Tochter. Ich habe es nicht benannt. Ich habe keine Worte dafür gesucht und keine gefunden, aber ich habe schon gemerkt, bei mir ist so eine gewisse Gleichgültigkeit eingetreten. Ich habe mich wesentlich weniger bemüht als sonst immer.«

Zu den Verletzungen, die sie sich geholt hat, gehört die folgende Episode mit den Mohnblumen. Diese sind zu einem Symbol für die Interesselosigkeit der Mutter und für die Vergeblichkeit der Bemühungen Helgas geworden:

»Aber das Einzige, das ich mir gewünscht habe in den letzten Jahren – eigentlich jedes Jahr – und was sie mir immer verweigert hat, das war, dass sie im Garten die aufgeblühten Mohnblumen stehen lässt. Und ich habe sie jedes Jahr gebeten: ›Mama, bitte lass die Mohnblumen stehen, lass sie blühen. Du weißt, ich mag das so gern. Lass sie stehen.‹
Voriges Jahr habe ich sie sogar explizit darum gebeten: ›Mama, du weißt, ich wünsche mir nie etwas von dir. Bitte lass dieses Jahr die Mohnblumen blühen.‹ Es hat nicht geklappt. Als ich das nächste Mal heimgekommen bin, waren sie wieder ratzeputz ausradiert.«

Und auch die Art, wie die Mutter Geschenke annahm oder vielmehr nicht annahm, erlebte Helga wie eine persönliche Zurückweisung.

»Wenn ich meiner Mutter Geschenke gebracht habe, zum Geburtstag oder Muttertag, sind die einfach einmal auf die Bettbank gelegt worden. Und dort sind sie liegen geblieben, bis ich dann ein paar Stunden später gesagt habe: ›Aber jetzt machst du es auf der Stelle auf, weil ich möchte wissen, ob es dir gefällt oder nicht.‹ Von selbst wäre sie nicht auf die Idee gekommen, nachzuschauen.«

»Manchmal habe ich Hassgefühle auf körperliche Ähnlichkeiten mit meiner Mutter, zum Beispiel auf meinen Bauch. Ich bin sehr froh darüber, dass ich andere Knie habe als meine Mutter. Die Knie habe ich nämlich vom Vater. Sie hat sich immer darüber lustig gemacht, dass wir spitze Knie haben. Es ist sogar so, wenn ich Frauen sehe mit runden Knien, dass ich richtige Ekelgefühle kriege, so tief sitzt die Aversion gegen den Körper. Gegen den Körper meiner Mutter. Wenn ich ihr noch mehr ähnlich sehen würde, das wäre noch viel, viel schlimmer für mich, als es jetzt schon ist.«

Bei Franziska ist es die Abneigung vor körperlichen Berührungen durch die Mutter, bei Helga ist es der Ekel vor der körperlichen Ähnlichkeit. Dies scheint damit in Zusammenhang zu stehen, dass sie nicht sein will wie die Mutter und auch nicht so aussehen will. So als wollte sie sagen: »Ich habe nicht deine Knie und nicht deine Lieblosigkeit.«
Susanne schildert eine bedeutungslos anmutende Episode, die bei aller Harmlosigkeit ihre vergeblichen Anstrengungen, die Liebe und Anerkennung der Mutter zu gewinnen, und die subtile Abweisung deutlich macht.

»Wenn ich meine Eltern zum Essen eingeladen habe, habe ich mich immer besonders bemüht, meiner Mutter zu beweisen, dass ich gut koche, und ich habe mir irgendein Lob erwartet. Meine Mutter hat dann, ganz im Gegenteil, immer irgendeinen Grund gefunden, um etwas auszusetzen und mich damit gekränkt. Als Anlass nahm sie oft ihre Milch-Eiweiß-Allergie, um eben zu kritisieren, dass in meinem Essen irgendetwas mit Milch ist und sie das nicht essen kann, weil sie entsprechende negative Reaktionen hat. Und so ging dann dieser Versuch, zu beweisen, dass man etwas Besonderes oder Schönes macht, irgendwie ins Leere.«

»Ich glaube, dass ich in einer bestimmten Abhängigkeit zu meiner Mutter gelebt habe, insofern, dass ich mir ihre Liebe irgendwie sichern wollte, indem ich ein gutes Kind bin. Das ist das Resümee, das ich ziehen könnte. Ich habe versucht, ihr irgendwie zu beweisen, dass ich es wert bin, darum geliebt zu werden. Heute weiß ich, dass man ein Kind einfach liebt, weil es das verdient, geliebt zu werden. Aber dieses Gefühl hatte ich nie, nur habe ich es damals nicht gewusst.«

Die Rolle der Väter

Abwesend, schwach, versagend

Eigentlich geht es in diesem Buch um die Mütter. Aber ganz kann man die Väter nicht außer Acht lassen, denn sie spielen nun einmal mit, wenngleich ihre Rolle, zumindest aus der Sicht der meisten interviewten Töchter und Söhne mit problematischer Mutterbeziehung, eine bescheidene ist. Eine äußerst bescheidene.
Ich ließ alle Befragten angeben, für wie bestimmend sie den Einfluss der Mutter bzw. des Vaters auf ihr Leben und die Art, wie sie geworden sind, halten und ließ sie dies auf einer Skala von Eins (»sehr geringer Einfluss«) bis Fünf (»sehr starker Einfluss«) bewerten. Der Einfluss der Mutter wurde mit einem durchschnittlichen Skalenwert von 3,8 deutlich höher eingeschätzt als der des Vaters mit 3,0. Zwischen Söhnen und Töchtern gab es keine statistisch bedeutsamen Unterschiede in der Einschätzung des Einflusses der Elternteile.
Die getrennte Auswertung der Befragten mit problematischer bzw. nicht problematischer Mutterbeziehung förderte das eigentlich bemerkenswerte, aber doch wenig überraschende Ergebnis zutage: In der Gruppe der Kinder mit guter oder unauffälliger Mutterbeziehung besteht kein nennenswerter Unterschied in der quantitativen Bewertung des Einflusses von Mutter und Vater (3,0 gegenüber 3,1). Ganz anders ist die Situation bei den Befragten mit problematischer Mutterbeziehung. Sie schätzen den Einfluss der Mutter mit einem durchschnittlichen Skalenwert von 4,4 deutlich höher ein als den des Vaters mit 3,0.[9]

In den Interviews finden sich deutliche Hinweise darauf, dass in vielen Fällen problematischer Mutter-Kind-Beziehungen ein stärkeres Engagement des Vaters ausgleichend hätte wirken können. Aber es

[9] Die Zuerkennung eines großen Einflusses bedeutet nicht unbedingt, dass sich das Kind im von der Mutter oder vom Vater erwünschten Sinn entwickelte. Der Einfluss ist auch dort wirksam, wo das Kind aus Protest gegen die Prägungsversuche bewusst einen anderen Weg einschlug.

passierte nicht, denn die Väter waren entweder früh verstorben oder selten anwesend, konnten sich nicht durchsetzen oder hielten sich von vorneherein aus allem heraus. Der schwache oder abwesende Vater ist aber nicht nur ein begünstigender Faktor für eine schlecht funktionierende Mutter-Kind-Beziehung, so nach dem Motto: Wenn der Vater sich stärker integriert hätte, wäre auch die Beziehung zwischen Mutter und Kind besser verlaufen. Er ist vielmehr Bestandteil einer kritischen Familiensituation. Denn die Eltern sind sich als Partner ja nicht zugelost worden, sondern sie haben sich nach einem unbewussten und gerade deshalb so präzise funktionierenden Selektionsmechanismus ausgewählt. Und außerdem haben sie ihre Rollen in einem Prozess der stetigen Rückkoppelung aufeinander abgestimmt.

Exkurs über die Partnerwahl

Passen Partner zusammen wie ein Schlüssel zum Schloss, oder passen sie sich erst im Laufe des Zusammenlebens aneinander an? In der einschlägigen Literatur gibt es Belege für beide Annahmen: Partner weisen überdurchschnittlich häufig Ähnlichkeiten in der Persönlichkeit auf und die Übereinstimmungen sind umso größer, je länger das Paar zusammen ist. Nach Jürg Willi (1981), der die Zweierbeziehung untersuchte (siehe auch »Exkurs über das Bindungsverhalten«), soll man sich den Anpassungsprozess nicht so vorstellen, dass die Persönlichkeit »umgemodelt« wird, es werden vielmehr Eigenschaften, die latent vorhanden waren, vom Partner hervorgeholt und in ihrer Bedeutung verstärkt, während andere unberücksichtigt bleiben und in der Paarbeziehung in den Hintergrund treten. Diese können dann in anderen sozialen Umgebungen, z. B. mit Freunden oder auch nur in der Fantasie, ausgelebt werden. *»Besonders wichtig für diesen Anpassungsprozess dürfte sein, ob man sich vom Partner in seiner Selbstdefinition akzeptiert und bestärkt fühlt, die den eigenen Idealen nahe kommt, und ob man dem Partner Bestätigungen in einer Selbstdefinition geben kann, durch die er sich verstanden und aufgewertet fühlt.«* (J. Willi, 1975, S. 184)

Der Partner der Machtmutter

Betrachten wir zunächst die Partnerwahl der Machtmutter. Um ihr Bedürfnis nach Machtausübung befriedigen zu können, versteht es sich von selbst, dass sie sich hüten wird, einen Partner auszusuchen, der stark ist; er würde eher sie beherrschen, als sich von ihr dominieren lassen. Wie unsere Beispiele zeigen, steht der Ehemann der Machtmutter genauso unter ihrem Kommando wie die Kinder. Und der Ehemann bzw. Vater hat sich seine Partnerin offensichtlich ausgesucht, um seine Ruhe zu haben, um sich anderen Dingen als dem familiären Alltag oder der Kindererziehung widmen zu können.

Herfried erzählt über seinen Vater, einen Schuldirektor:

»Den hat meine Mutter immer so schlecht gemacht, dass mir nichts dazu einfällt. Er hat alle Vorzüge gehabt, die man sich von einem Vater erwartet. Er war unheimlich gescheit, hundertprozentig korrekt, musisch unglaublich begabt, hat mehrere Instrumente gespielt. Er hat herrlich dichten können, war ein hervorragender Redner und Maler. Meine Mutter hat ihn immer abgeblockt. Ich bin nie an ihn herangekommen. Sie hat ihn immer mit Beschlag belegt. Er hat nicht gewusst, wie er mit mir umgehen soll. Wenn er etwas gesagt hat, hat meine Mutter gleich das Gegenteil gesagt.«

Das sind alles tolle Eigenschaften, die Herfried hier aufzählt, aber sie machen nicht den guten Vater aus. Dazu hätte es noch anderer Fähigkeiten bedurft wie z. B. Durchsetzungsvermögen und den Willen, sich in die Erziehung der Kinder wirklich einzumischen. Herfried zeichnet das Bild des »Vaters, der nicht durfte«, der von der Mutter daran gehindert wurde, sich in das Familienleben zu integrieren. Aber der Vater hat nicht per Zufall genau diese Partnerin geheiratet, die ihm alle diese Dinge wie z. B. Kindererziehung abnahm und die es ihm erlaubte, sein Leben zu leben, in das er seine anderen Talente einbringen konnte.

Auch der Vater von Richard war einer, der lieber auswich und seinen Interessen nachging. Bei ihm war es die Jagd. Seine Unterstützung für den Sohn bestand darin, dass er ihn aus der »Schusslinie« der Mutter nahm. Aber von einer ernsthaften Intervention war auch bei ihm keine Rede:

»Er war ein guter Mensch. Wenn du etwas gebraucht hast, hast du es bekommen. Das hat ihm die Mutter auch vorgeworfen, dass er immer Ja gesagt hat. Er war viel weg. Er war auf der Jagd oder sonst wo unterwegs. Ich glaube, er war auf der Flucht.

Mein Verhältnis zu ihm war sehr gut. Er war der Ausgleich zur Mutter, schon insofern, als die Mutter ja nur Druck erzeugen und den anderen heruntermachen konnte. Für den Vater war ich der Beste, der Schönste und der Größte. Und ich war auch mit dem Vater viel unterwegs. Ich bin mit ihm jagen gegangen und auf dem Hochsitz gesessen. Es sind eigentlich schöne Erinnerungen. Unter dem Pantoffel ist er nicht gestanden, das kann man nicht sagen, aber er war einfach fort.
Ohne Vater hätte ich es gegen die Mutter noch schwerer gehabt. Ich war viel unterwegs mit ihm. Und manchmal hat er schon zu ihr gesagt: ›Jetzt lass ihn.‹«

Wie sich die Bilder gleichen. Auch der Vater von Johannes reiht sich nahtlos in die Galerie der ach so liebevollen und gütigen Väter, die nur leider selten Zeit für die Familie haben.

»Er war einerseits Respekt einflößend, auf der anderen Seite habe ich ihn als sehr zärtlich und liebevoll erlebt. Diese Momente waren für mich so wichtig, weil er viel weg war. Er hat mich oft auf den Schoß genommen, da habe ich ein Gefühl der Geborgenheit gehabt.
Mein Vater ist ja ewig seinem Selbstwert nachgerannt. Durch seine Funktion in der Partei, der NSDAP war er ja wer.«

Die Einstellung Angelas zu ihrem Vater war ambivalent. Einerseits war er für sie »ein sehr spannender Mann«:

»Ich bin schon sehr früh sehr viel mitgenommen worden zu spannenden Ausflügen. Ich durfte viele Haustiere haben, die durfte ich versorgen. Ich habe sehr früh – das war nach der Scheidung, so mit fünf – das erste Klappfahrrad geschenkt bekommen. Er hat mir beigebracht, wie man sich im Wald orientiert. Er hat mir das Schießen beigebracht. Also ich habe sehr viel mit ihm erlebt.«

Das war gewissermaßen die Sonnenseite, die sich für ein kleines Kind sicherlich sehr lustig darstellte. Aber da gab es auch die andere Seite:

»Als ich 14 war, ist er gestorben. Er war Alkoholiker. Ich habe durchaus nebenbei die Schattenseiten miterlebt. Er war Quartaltrinker, also monatelang trocken, sehr charmant, eher lustig, sehr abenteuerlich, interessant, kreativ in allem Möglichen, hat Gott und die Welt gekannt. Die Schattenseiten: Wenn er getrunken hat, war er schwer auszuhal-

ten und aggressiv, wobei die Aggressivität sich nie auf mich bezogen hat, sondern auf andere Menschen und natürlich schon oft auch gegen meine Mutter.«

Der Partner der Opfermutter

Im Falle der Opfermutter scheint der nicht vorhandene oder versagende Vater die Funktion zu haben, die Opferrolle zu verdeutlichen und das Kind noch stärker an die Mutter zu binden.

Linde war praktisch ohne Vater aufgewachsen. Sie war eineinhalb Jahre alt, als sie ihn bei einem Fronturlaub zum letzten Mal sah. Die Mutter ging nachher keine dauerhafte Beziehung mehr ein.
Die Funktion des nicht vorhandenen Vaters für die Mutter-Kind-Beziehung bestand darin, das Opfer der Mutter zu manifestieren: »Ich lebe nur für dich. Ich habe nur dich.« Damit gelang es der Mutter, wie ich ausführlich dargestellt habe, Linde praktisch ein Leben lang mit Schuldgefühlen an sich zu binden.

Ähnlich war es bei Xaver. Sein Vater lebte zwar in der Familie, stand aber seiner Gattin nicht zur Seite und war mehr mit Gasthausbesuchen und Alkohol als mit Familienarbeit beschäftigt. Die Mutter fühlte sich von ihm im Stich gelassen und sie machte das auch den Kindern gegenüber deutlich, was besonders bei Xaver, dem sensiblen Kind, auf fruchtbaren Boden fiel. Er war dadurch genötigt, ohne dass ihm dies zunächst bewusst wurde, Funktionen des versagenden Vaters zu übernehmen.

Man könnte natürlich sagen, dass die Opferrolle der Mutter das Resultat des Verhaltens des Partners ist. Dass sie nicht für diese Rolle prädestiniert war, sondern dass ihr gar nichts anderes übrig blieb, als sie zu übernehmen. Damit würde man aber völlig außer Acht lassen, dass sie genau diesen Mann ausgewählt hat. Und ihr Unterbewusstsein wird schon »gewusst« haben, warum. Und wenn nach der Auswahl das Zusammenspiel der beiden Rollen noch nicht perfekt funktioniert, werden die Ecken und Kanten durch die ständige Rückkoppelung des Verhaltens immer weiter abgeschliffen.

Der Partner der narzisstischen Mutter

Auch die narzisstische Mutter braucht, um ihre Bedürfnisse ausleben zu können, einen schwachen Ehemann. Einen, der in die Mutter-Kind-Beziehung nicht eingreifen kann und stattdessen selbst manipuliert wird. Manfred drückt es unverblümt aus:

»Der Vater war ein Hampelmann. Er hat immer das Gefühl gehabt, dass er der Chef ist. Das hat die Mutter clever gemacht. Aber er hat überhaupt nichts zu reden gehabt.«

Und auch der Vater von Kris konnte weder seine eigenen Bedürfnisse gegen die Gattin durchsetzen noch den Kindern Schutz bieten.

»Mein Vater versuchte manchmal, wenn es meine Mutter wieder einmal zu bunt trieb, sich schützend vor mich zu stellen. Er sagte dann: ›Lass sie doch endlich. Du spinnst ja. So hör doch endlich auf. Jetzt reicht's dann.‹ Aber dieser enthauptete Vater, der Papa, dem die Mama die Maske der Autorität heruntergerissen hat – alles Worte meiner Mutter –, war zu schwach, sich gegen diese Attacken durchzusetzen. Und dafür hasste ich ihn.«

Der Vater Karins scheint von der Gattin gemanagt worden zu sein:

»Ich weiß nur, sie ist stolz auf ihn. Er hat offensichtlich in ihren Augen viel erreicht im Leben und ist gesellschaftlich angesehen. Ich habe mit meinem Vater noch nicht darüber geredet, ob er da mit ihr übereinstimmt, ob er im Leben das erreicht hat, was er ursprünglich wollte. Ich weiß es nicht. Ich weiß nur, dass meine Mutter meinen Vater in der Berufsfindung sehr unterstützt hat.«

Er scheint für die Probleme Karins Verständnis zu haben, aber eingreifen? Nein, er hält sich lieber heraus.

»Er hat es genossen, wenn ich mich mit meiner Mutter gut verstanden habe. Mein Vater ist irrsinnig neutral, und was ich wirklich dankbar empfinde, ist, dass er sich auch in meiner Wandlung sehr neutral verhalten hat. Er hat gesagt: ›Was immer du machst, es ist deine Sache.‹ Und irgendwie nähere ich mich immer mehr meinem Vater. Heute findet er es wahrscheinlich schade, dass mein Verhältnis zu meiner Mutter

nicht optimal ist. Er versucht dann wohl zu beschwichtigen, aber er hat sich immer sehr neutral verhalten.«

Der Partner der lieblosen Mutter

Die zu Wort kommenden Kinder liebloser Mütter haben den Vater durchwegs in angenehmer Erinnerung. Sie schildern ihn als liebevollen und warmherzigen Menschen, der gewissermaßen verstohlen und unbeholfen dem Kind Zärtlichkeit und Zuwendung schenkt, ohne dass dadurch aber der Mangel an Mutterliebe ausgeglichen worden wäre. Folgt man der inneren Logik der lieblosen Mutter, die Schwierigkeiten damit hat, eigene Gefühle auszudrücken und Gefühle anderer anzunehmen, so kann man davon ausgehen, dass sie sich keinen Partner aussuchen wird, der im emotionalen Überfluss lebt und sie mit Gefühlen überfordert. Warmherzigkeit, Nettigkeit, Anerkennung ja, aber damit hat es sich. Die starken Gefühle sind nicht seine Sache.

Franziska zeichnet dieses doppelgesichtige Bild ihres Vaters:

»Er war warmherzig, fürsorglich und extrem großherzig. Er hat alles, was er erarbeitet hat, an seine Töchter weitergegeben. Alle vier haben wir nie gesehen, dass die Eltern irgendeine banale Zärtlichkeit ausgetauscht hätten. Es ist uns ein Rätsel, wie er überhaupt zu Kindern gekommen ist. Zärtlichkeiten waren ihm ein Horror, da hat er Schweißausbrüche bekommen. Er war extrem gehemmt und schüchtern. Sie waren nie zärtlich und haben nie gestritten. Sie waren wie der Hofrat, der mit seiner Haushälterin zusammenlebt.«

Auch Helga hat ihren Vater, der vor zwölf Jahren gestorben ist, in angenehmer Erinnerung.

»Mein Vater war immer das größere Vorbild. Er war einfach ein liebevoller Mensch. Das war für mich positiv. Ich habe ihn immer als positiv erlebt – nein, nicht immer. So mit 18, 19 Jahren, da hat schon das Gift der Mutter gewirkt und ich habe schon alle möglichen Sachen in den Vater hineinprojiziert, die nicht gestimmt haben. Denn sie war ja auch meinem Vater gegenüber recht lieblos, obwohl er ja unglaublich liebevoll war ihr gegenüber. Auch mit der Krankheit. Ich bin drei Jahre alt gewesen, als sie Multiple Sklerose bekommen hat. Er war wahnsin-

nig rücksichtsvoll und fürsorglich. Er hat sich nie geniert dafür, dass sie behindert ist. Er hat sie einfach geliebt, so wie sie war.«

Bezeichnend ist die folgende Szene, die zeigt, dass der Vater von Helga zwar ausgleichend wirkte, sich aber offensichtlich scheute, in die Beziehung zwischen Mutter und Kind einzugreifen. Er linderte gewissermaßen die Schmerzen, tat aber nichts, um die Verletzungen zu verhindern.

»Meine Mutter hat meine Schwester einmal so lange am Tisch sitzen lassen, bis sie alles weggegessen hat, das ganze Kraut, obwohl sie das nicht wollte. Als der Vater von der Arbeit nach Hause gekommen ist, hat er für sie mit Todesverachtung das kalte Kraut gegessen. Und wer weiß, dass mein Vater nie etwas Kaltes angerührt hat, weiß, welche Überwindung es ihn gekostet haben muss, das zu machen.«

Der Vater Susannes war Schuldirektor, Bürgermeister und hatte noch eine Reihe von Ehrenämtern, die seine Zeit in Anspruch nahmen und ihn von der Familie fernhielten.

»Er war kein Familienmensch. Er hat wenig Zeit gehabt. Sein Leben in der Öffentlichkeit war ihm wichtig. Er war Bürgermeister in einer Landgemeinde und hat sich für die Leute wirklich eingesetzt. Aber er war als Vater, der vorliest oder sich mit Lernproblemen befasst, nicht vorhanden. Es gab keine Gelegenheit, über Probleme zu reden.
Ich habe ihn bewundert, weil er eine so reife, gelassene Persönlichkeit war. Ich habe mich in seiner Nähe wohl gefühlt. Von seiner Ausstrahlung her war er schon ein liebevollerer Mensch als die Mutter, aber Zärtlichkeit und Streicheln hat es auch nicht gegeben.
Ich habe erst später gesehen, dass Väter mit ihren Kindern Schi fahren gehen oder Eis laufen. Ganz selten ist er mit mir ins Kino gegangen, vielleicht einmal im Jahr.«

Insgesamt ergibt sich aus den Berichten der Kinder liebloser Mütter der Eindruck, dass die Väter zwar emotional sensibel (oder zumindest sensibler als die Mütter) und aufmerksamer mit den Kindern umgingen und zum Teil auch ausgleichend wirkten. Aber sie griffen in die Beziehung zwischen Mutter und Kind nicht wirklich ein. Die Beschäftigung mit den Kindern war episodenhaft und blieb im »Vorzimmer der Gefühle«, bei Fürsorglichkeit, Warmherzigkeit, Aufmerksamkeit. Mehr konnten und wollten sie nicht geben.

Es ist erstaunlich, dass diese zwar angenehmen, aber doch nur gelegentlichen Kontakte mit dem Vater so deutlich in der Erinnerung der Kinder eingegraben sind und bei ihnen zum Teil heute noch die Illusion nähren: Er wäre ein so guter Vater gewesen, wenn er nur mehr Zeit gehabt hätte.

Teil des Problems, nicht der Lösung

In bestimmter Weise gleichen sich alle Väter der Töchter und Söhne mit problematischer Mutter-Kind-Beziehung: Sie sind abwesend oder zu schwach oder nicht bereit, sich in die schlecht laufende Beziehung zwischen Mutter und Kind ernsthaft einzumischen. Sie wirken zwar zum Teil ausgleichend, ihre Kommunikation mit den Kindern bleibt aber emotional oberflächlich und episodenhaft. Daraus zu folgern, dass die Beziehung zwischen Mutter und Kind weniger problematisch verliefe, wenn der Vater sich stärker in diese einmischen würde, wäre zu simpel und würde nicht berücksichtigen, dass der abwesende, schwache, versagende Vater Bestandteil der Familiendynamik ist. Er ist Teil des Problems und nicht der Lösung. Die Eltern haben einander gesucht und gefunden. Wäre der Vater anders, als er ist, hätte er eine andere Partnerin gesucht bzw. er wäre von seiner Partnerin nicht ausgewählt worden. Er ist nicht das Opfer, der arme Vater, der von der Mutter daran gehindert wird, eine bestimmende Rolle für die Kinder zu spielen. Sein Null-Engagement entspricht seinen Bedürfnissen und er hat durch die Wahl der Partnerin vorgesorgt, dass er von den lästigen Aufgaben der Familienarbeit entbunden ist und sich »wichtigeren« Dingen widmen kann. So wie auch die Mutter den Partner gewählt hat, der ihr in der Kindererziehung nicht dreinredet und ihr freie Hand lässt.
Es fällt auf, wie schonend und wenig kritisch die Töchter und Söhne mit ihren Vätern umgehen – ganz im Gegensatz zum Verhalten gegenüber der Mutter. Es scheint so, als wollten sie wenigstens dieses Stück »heile Familienwelt« aufrechterhalten und nicht weiter hinterfragen.
Vielleicht trifft aber auch zu, dass sich die Kinder – wie es Sigrid Steinbrecher in ihrem Buch »Die Vaterfalle« ausdrückt – in seiner Abwesenheit einen Wunschvater »zurechtträumen«. *»Und sie lieben diesen Vater, lieben ein Phantom und werden dabei durch den realen Vater nur selten gestört«*. (S. 191)

Die »neuen Väter«

Möglicherweise ist die relative Bedeutungslosigkeit der Väter ein Befund, der nur für vergangene Generationen zutreffend ist. Glaubt man fortschrittlichen Büchern und Artikeln, so hat sich die Rolle der Väter gewaltig geändert. Da werden die »neuen Väter« beschrieben oder herbeigeschrieben, die sich an der Hausarbeit beteiligen und in die Kinderbetreuung und -erziehung einbringen. Statistisch ist diese Spezies allerdings nur schwer nachweisbar.
Die Zahl der Männer, die bereit sind, ihren Kindern gegenüber ein ähnliches Engagement zu zeigen, wie die Mütter es tun, ist auch heute noch verschwindend gering. Nach einer deutschen Umfrage würden mehr Frauen als Männer ein solches Engagement begrüßen. Aber obwohl Männer genauso wie Frauen über Verhaltensmechanismen verfügen, auf die Bedürfnisse von kleinen Kindern angemessen einzugehen, reißen sie sich nicht oder nur in geringer Zahl um diesen Job.
Das Hauptmotiv sehe ich darin, dass es für den Mann befriedigender ist, im Beruf zu stehen, als Kinder zu versorgen. Die ökonomischen Rahmenbedingungen unterstützen diese Position. Die Frau würde vielleicht auch die Bestätigung im Beruf vorziehen, aber von ihrem Gehalt lässt es sich in der Regel schwer leben.

In Österreich trat 1990 das Eltern-Karenzurlaubsgesetz in Kraft. Seither können auch Väter den Karenzurlaub und das Karenzurlaubsgeld anstelle der Mutter in Anspruch nehmen. Der Beifall der Männer über diese Möglichkeit war enden wollend, die Inanspruchnahme auch. Im Jahr 2000 waren 1.420 Männer in Kinderkarenz gegenüber 76.339 Frauen. Das sind nicht einmal 2 Prozent, Tendenz stagnierend. Auffallend ist ferner, wie weit selbst bei diesen eher fortschrittlich eingestellten Eltern das traditionelle Rollenverhalten nachwirkt: Die Mütter, die einer vollen Berufsverpflichtung nachgehen, entlasten den »Hausmann« ganz wesentlich und leisten zusätzlich pro Tag fünfeinhalb Stunden Hausarbeit und Kinderbetreuung.[10] Und dennoch berichten diese mehr als ausgelasteten Mütter von schlechtem Gewissen, nicht mehr Zeit mit dem Kind zu verbringen (Deutsch-Stix/Janik, 1993). Männer hingegen leisten bei Nichterwerbstätigkeit der Ehefrau nur ca. zwei Stunden Haus- und Familienarbeit. Ohne schlechtes Gewissen, wie ich vermute.

---

[10] Quelle: Statistik Austria 2002

So ganz ist dem Ruf der Frauen nach mehr Engagement des Mannes bei der Kinderbetreuung und -erziehung aber nicht zu trauen. Sie wollen ihren angestammten Platz nicht so ohne weiteres aufgeben. Konkurrenz durch den Mann im Kinderzimmer? Da sagen die meisten Frauen: Nein, danke.
Herrad Schenk (1996) konstatiert bei vielen Frauen eine ambivalente Haltung: Einerseits möchten sie etwas von der Last und der Verantwortung abgeben. »*Andererseits brauchen sie das Gefühl ihrer Bedeutung: Sie wollen weiterhin für ihr Kind im Zentrum bleiben – wichtiger als alle anderen, unersetzlich. Und sie sind nur selten bereit, diese zentrale Position mit anderen Menschen zu teilen.*« (S. 224)

Auf der Fahrt zum »neuen Vater« scheinen also beide auf der Bremse zu stehen: die Väter, die sich um diese Aufgabe nicht reißen und »Wichtigeres« zu tun haben, und die Mütter, die sich von zu viel Engagement der Väter in ihrer Position bedroht fühlen. Die Angst, den Bonus des Muttermythos zu verlieren, dürfte hier mitspielen und die partnerschaftliche Aufteilung der Verantwortung für das Kind zwischen den Elternteilen behindern.

Lösungen. Die Aufarbeitung der Mutterbeziehung

Eigentlich wollte ich das Buch an dieser Stelle beenden. Ich habe mich dann aber doch entschlossen, einige Gedanken und Vorschläge zur Aufarbeitung von problematischen Mutter-Kind-Beziehungen anzuschließen. Ich tue es aus einem Gefühl der Verbundenheit mit den Betroffenen. Ich tue es aber auch mit einer gehörigen Portion Unsicherheit, denn ich sehe mich Personen mit sehr unterschiedlichen Problemen in sehr unterschiedlichen Ausprägungen gegenüber. Solchen mit leichten Formen einer problematischen Mutterbeziehung, denen schon ein guter Rat helfen kann, und solchen, denen dringend eine Psychotherapie anzuraten wäre. Ich kann nur einige Anregungen geben, die sich aus der psychologischen Struktur der dargestellten Mutter-Kind-Beziehungen ergeben. Ich muss es Ihrer selbstkritischen Einstellung und Ihrer Verantwortung für sich selbst überlassen, was Sie daraus machen.

Das breite Feld psychotherapeutischer Methoden gibt Ansatzmöglichkeiten für jede individuelle Problematik, sei es die Verhaltenstherapie, die Gesprächspsychotherapie, die Psychoanalyse, das Psychodrama, die Hypnotherapie, die Transaktionsanalyse oder eine andere anerkannte Form. Ich behandle die Familienskulptur und das Familien-Stellen als Methoden der systemischen Familientherapie etwas ausführlicher, weil sie inhaltlich passende und ökonomische Varianten darstellen, die sowohl als wirkungsvoller Impuls zur Aufarbeitung der Mutterbeziehung als auch als Bestandteil einer Therapie einsetzbar sind.

Selbstverständlich kann ich keine Patentrezepte zur Aufarbeitung anbieten, dazu sind die Mutter-Kind-Probleme zu individuell. Lösungen wie bei einer Denksportaufgabe im Sinne von: »Heureka, ja, jetzt hab ich's«, kann es nicht geben.

Aber das Wort »Lösung« hat noch eine andere Bedeutung: Lösung von etwas, an das man jahrzehntelang gebunden war und das unglücklich gemacht hat. Lösung von einem Bild der Mutter, das Gefühle und Handlungen auslöst, die immer wieder zum gleich unbefriedigenden, kränkenden und verletzenden Ergebnis führen.

Es gibt einige Erkenntnisse aus den Interviews, die ganz allgemein für die Aufarbeitung einer problematischen Mutter-Kind-Beziehung Geltung haben.

Frühe Ahnung, späte Erkenntnis

Schon für das eigene seelische Wohlbefinden der betroffenen Töchter und Söhne wäre es wichtig, eine problematische Mutterbeziehung zu klären und aufzuarbeiten, damit die »Muttermale«, die Defizite, Kränkungen und Beschädigungen, die man erfahren hat, nicht weiter das Handeln bestimmen. Will man verhindern, dass die eigenen Kinder unter den Folgen einer problematischen Mutterbeziehung der Eltern zu leiden haben, müsste deren Aufarbeitung sehr früh erfolgen. Wie die Beispiele in diesem Buch zeigen, ist das wohl eine unrealistische Wunschvorstellung. Die betroffenen Kinder kommen meist erst sehr spät darauf, dass das Verhalten ihrer Mutter »anders« ist. Wie sollten sie auch wissen, was ihnen fehlt, was anders sein könnte, wenn sie keine Vergleichsmöglichkeiten haben.
Das stumme Leiden und das unbenannte Unglück ist bei den betroffenen Kindern meist schon sehr früh da. Aber es wird als »normal« hingenommen, weil sie nicht wissen, dass es auch etwas anderes gibt. Erst der konkrete Vergleich, z. B. bei Besuchen bei Freundinnen oder Freunden, öffnet ihnen die Augen und sie sehen, dass Mütter auch ganz anders sein können: liebevoll, zärtlich, tolerant und unterstützend. Diese Erkenntnis dämmert den Betroffenen erst sehr spät, meist in der Pubertät oder noch später. Wie wichtig diese Schlüsselerlebnisse sind, geht allein aus der Tatsache hervor, dass sie noch nach Jahrzehnten ganz genau erinnert werden.
Petra, Tochter einer »lieblosen Mutter«, hat sehr früh wahrgenommen, dass der Bruder bevorzugt wird. Auf die Frage, wann ihr das bewusst geworden sei, sagt sie:

»Solange ich denken kann. Ich weiß nicht, ab welchem Alter merkt man sich etwas? Es war einfach so. Er ist der Sohn. Ich weiß nicht, wie ich sagen soll, es war einfach so. Wir (die Töchter, Anm.) haben keine Rechte gehabt.«

Dass andere Mütter ganz anders mit ihren Kindern umgehen, wird Petra erst im Alter von 16, 17 Jahren durch den Vergleich mit anderen

Eltern klar. Sie erzählt dazu eine Episode, die ihr aus dieser Zeit offensichtlich sehr genau in Erinnerung geblieben ist:

»Wenn nach der Schule der Bus nicht gefahren ist oder wenn die Schule früher aus war, haben andere Kinder zu Hause angerufen, dass sie zum Abholen wären. Das hätte ich mich nie getraut.«

Auch Susanne litt unter einer lieblosen Mutter und der Bevorzugung des Bruders. Sie hält ebenfalls das Empfinden des Mangels und die Erkenntnis, dass es auch anders sein könnte, genau auseinander.

»Dass mir etwas fehlt, das wurde mir erst in der Pubertät bewusst. Da habe ich das Gefühl gehabt, dass mir immer etwas abgegangen ist. Vorher habe ich den Zustand als gegeben angenommen. Ich dachte, das ist bei uns eben so.«

Auch Franziska erinnert sich genau, wann sie durch den Vergleich mit einer anderen Familie bemerkte, dass bei ihr zu Hause die Dinge anders laufen.

»Ich habe immer viel gehalten von meiner Mutter. Bis ich so mit 14 die Mütter im Freundeskreis kennen gelernt habe, bis ich gesehen habe, wie die miteinander reden, in Urlaub fahren, was uns alles fremd war. Bei der Familie B. habe ich andere Lebensformen kennen gelernt. Da habe ich gelernt, wie Eltern hinter den Kindern stehen, auch wenn sie Blödsinn gemacht haben. Daraufhin ist die Frau B. zum Feindbild Nummer eins erklärt worden.«

Mit dieser neuen Sicht ändert sich die Einstellung gegenüber der Mutter, ohne dass die Situation erleichtert würde. Im Gegenteil. Das Kind gerät in eine Außenseiterposition. Zum bisherigen Leid kommt das Unverständnis hinzu: Warum habe ich nicht auch eine so liebevolle, verständnisvolle, zuhörende, geduldige Mutter wie meine Freundin oder mein Freund. Diese Außenseiterposition macht es den Kindern noch schwerer, ihre Probleme mit anderen zu besprechen.
Stellen Sie sich vor, das Kind entdeckt, dass es Hass gegenüber der Mutter empfindet (unter den Interviewpartnerinnen und -partnern gibt es einige, die von einem solchen Gefühl berichten). Das Entsetzen über sich selbst wäre bei ihm deshalb so groß, weil es vor dem Hintergrund des Muttermythos geschieht. Bei jeder anderen Person, selbst beim

Vater, hätte es nicht diese dramatischen Folgen. Mit diesem Gefühl ist das Kind allein gelassen. Es ist schlecht und sündig, denn es verletzt das 4. Gebot. Die Aggression wird weder ausgesprochen noch ausagiert, beeinflusst aber ständig das Verhalten.
Mit der Mutter direkt zu reden, ihr zu sagen, welche Gefühle ihr Verhalten auslöst, scheidet als realistische Möglichkeit in den meisten Fällen aus. Selbst unter Erwachsenen funktioniert so etwas ganz selten. Wer schafft es schon, wenn er z. B. Schwierigkeiten mit seinem Vorgesetzten hat, zu ihm zu gehen und das Problem direkt anzusprechen, etwa mit den Worten: »Ich fühle mich von Ihnen ungerecht behandelt«, oder: »Ihr Verhalten macht mir Angst«, oder: »Ich bin von Ihnen enttäuscht, weil Sie mich einem Kunden gegenüber bloßgestellt haben«? Stattdessen werden lieber Intrigen gesponnen oder es wird ein schlechtes Klima verbreitet, der Arbeitseinsatz gesenkt oder gekündigt. Und im Fall der problematischen Mutterbeziehung? Da bleiben als Möglichkeiten die Verdrängung, der ständig wiederkehrende, fruchtlose Streit, in dem nie das angesprochen wird, worum es eigentlich geht, die Flucht aus dem Elternhaus (z. B. in eine Ehe), der oberflächliche, distanzierte Kontakt oder das dauerhafte Zerwürfnis.
Die Erkenntnis allein, dass die Mutter »anders« ist, bewirkt noch nichts. Wie wir bei allen Typen von problematischen Mutter-Kind-Beziehungen feststellen mussten, sind beide, Mutter und Kind, in einem System gegenseitiger Abhängigkeit gefangen, und es dauert in der Regel Jahrzehnte, bis der Ausstieg aus dem Teufelskreis, wenn überhaupt, erfolgen kann. Die meisten der InterviewpartnerInnen haben dieses »Kunststück« nicht zuwege gebracht.

Begreifen des Mechanismus

Der erste Schritt zu einer Aufarbeitung besteht darin, den Mechanismus der Mutter-Kind-Beziehung wirklich zu verstehen. Zu begreifen, dass er einer psychologischen Gesetzmäßigkeit unterliegt, der man nicht einfach mit ein bisschen gutem Willen, besseren Umgangsformen oder Rücksichtnahme begegnen kann. Der Mechanismus wird durch starke psychische Kräfte aller beteiligten Personen in Gang gehalten und es bedarf großer Anstrengung und des richtigen Verhaltens, aus diesem Teufelskreis auszubrechen. Ich hoffe, dass dieses Buch für viele Fälle ausreichende Hinweise auf die spezifische Wirkungsweise des Mechanismus gibt.

Mit dem Begreifen der psychologischen Gesetzmäßigkeit der Beziehung ist auch die Erkenntnis verbunden, dass keiner der Akteure, weder die Mutter noch das Kind, schuldhaft handelt, sondern zwanghaft. Das Freimachen von Schuldgefühlen und Schuldzuweisungen erleichtert es, in eine abgeklärte und nicht von Vorwürfen geprägte Beziehung zur Mutter zu treten. Aber sie ändert nichts an den Verletzungen, Kränkungen und Defiziten, die Folgen dieser Handlungen sind. Dazu ist mehr »Arbeit« notwendig.

Heraus aus dem Teufelskreis

Von einer Illusion müssen Sie sich als Kind mit einer problematischen Mutterbeziehung gleich verabschieden: dass Ihnen die Mutter dabei hilft, aus diesem unseligen Mechanismus auszusteigen. Wenn Sie als Tochter oder Sohn etwas unternehmen, um aus dem Teufelskreis herauszukommen, wird sie alles tun, um den alten Zustand wieder herzustellen. Das ist nur zu verständlich, denn sie kann sich von ihren inneren Bildern, Ängsten, Erwartungen und Verhaltensschemata noch weniger lösen, als Sie es können. Bei ihr ist das alles noch tiefer eingegraben als bei Ihnen. Wenn Ihnen jemand helfen kann, dann ist es eine außenstehende Person, am besten eine, die über professionelle Kenntnisse verfügt.

Worin dieser Lösungsschritt bestehen könnte, ergibt sich aus der spezifischen Struktur der Mutter-Kind-Problematik. Leicht wird es in keinem Fall, denn es ist ein Schritt in Neuland. Sie tun damit etwas, vor dem Sie jahrzehntelang zurückgeschreckt sind, das Sie sich nicht zugetraut haben. Oder das Sie nach dem ersten Fehlversuch aufgegeben haben. Und Sie haben vermutlich auch keine unmittelbaren Vorbilder, keine Modelle, die es geschafft haben und an denen Sie sich orientieren könnten.

Nicht nur mit dem Kopf

Bis zu diesem Punkt, bis zum Verstehen des Mechanismus der Mutterbeziehung kamen einige meiner Interviewpartnerinnen und -partner. Aber der Schritt, dieses Wissen auch in Verhalten umzusetzen, erfolgte meist nicht. Der Grund dafür liegt meiner Meinung nach darin, dass die Lösung nur im Kopf stattfand und die beteiligten Gefühle ausgeblendet blieben.[11] Die Hürden, die uns daran hindern, mutig und entschlossen das zu tun, von dessen Richtigkeit wir überzeugt sind, sind in aller Regel emotionaler Natur. Der Verstand ist ein wichtiger Wegbegleiter, aber er bringt uns nicht bis ans Ziel.

Für besonders geeignet, die Konfliktstruktur nicht nur mit dem Kopf, sondern mit allen Sinnen zu begreifen und einen Impuls für den ersten Schritt aus dem Teufelskreis zu geben, halte ich die Familienskulptur und die Familienaufstellung. Diese beiden Methoden werden seit Jahrzehnten in der systemischen Familientherapie erfolgreich angewandt. In den letzten zehn Jahren haben sie sogar so etwas wie eine Hochkonjunktur erlebt. Mit diesem Trend verbunden sind leider einige Vorurteile, falsche Erwartungen und Richtungsstreitigkeiten, aber das kann den grundsätzlichen therapeutischen Wert nicht schmälern.

Ich möchte Sie, sofern Sie nicht ohnehin zu den »Wissenden« gehören, mit diesen Methoden ein wenig vertraut machen. Für eine fundiertere Einführung verweise ich auf Eva Tillmetz, »Familienaufstellungen«.
Sowohl bei der Familienskulptur als auch bei der Familienaufstellung werden die Familienmitglieder durch Stellvertreter in einem Raum aufgestellt. Auch der Aufstellende selbst erhält zunächst ein Double, löst dieses aber in der Schlussphase der Aufstellung ab. Es entsteht spontan und unter Führung des Therapeuten/der Therapeutin ein Geflecht von Beziehungen, ausgedrückt durch die Nähe oder Distanz der Figuren, die Körpersprache, die Ausrichtung (Zu- oder Abwendung) und den sprachlichen Ausdruck. Das Überraschende: Die Rollenspieler sind in der Lage, Gefühle, ja sogar Krankheitssymptome der dargestellten Personen zu erleben. Worauf dieser Effekt beruht, darüber gibt es zwar Hypothesen, aber keine schlüssige und nachprüfbare Erklärung. Der Aufstellende sucht sich die Rollenspieler unter ihm bekannten oder unbekannten Personen aus, wobei häufig eine innere Verwandtschaft zwischen Darsteller und realer Person feststellbar ist. Durch Veränderung der Positionen der Rollenspieler, durch gezielte Fragen und Lenkung der Kommunikation durch den Therapeuten wird zunächst die Konfliktstruktur verdeutlicht und später eine Lösung dargestellt, wobei

[11] Die Einteilung in »Kopf« für den Verstand und »Bauch« für die Gefühle entspricht nicht den objektiven Gegebenheiten, denn auch die Emotionen sind im Kopf. Man müsste präziser formulieren, dass die Lösung im bewusstseinsfähigen Teil des Gehirns versucht wird, das unbewusste limbische System aber immer wieder zurückschlägt.

die Vorgangsweise und auch die Auffassung, was eine Lösung ist, bei Familienskulptur und Familienaufstellung etwas unterschiedlich sind.

Die Familienskulptur geht auf Virginia Satir zurück, während Familienaufstellungen mit dem Namen Bert Hellinger verbunden sind. Vom Ansatz her unterscheiden sich die beiden Formen. Für Virginia Satir erlebt jeder Mensch die Welt aus seinem spezifischen Blickwinkel. Es gibt somit keine objektive Wahrheit, der Mensch konstruiert seine Wirklichkeit vielmehr mit seiner Wahrnehmung und speichert sie in Bildern. Der Mensch kann durch Veränderung der Perspektive seine Wirklichkeit jederzeit verändern. Anders bei Bert Hellinger. Er geht davon aus, dass in einer Aufstellung eine Wahrheit zum Vorschein kommt, die zeigt, wo in diesem Familiensystem die Verstrickungen und Lösungsmöglichkeiten liegen.

In der Vorgangsweise ergeben sich daraus unterschiedliche Akzente, wenngleich beide Methoden auch viele Übereinstimmungen aufweisen. Therapeuten, die nach Virginia Satir vorgehen, räumen dem Aufstellenden wesentlich mehr Aktivität ein. Er ist es, der neue Sichtweisen und neue Wege zur Gestaltung der Beziehungen finden soll. Sein Selbstwert soll gesteigert werden, damit er die neuen Schritte im Leben auch gehen kann. Der Therapeut ist ein Begleiter, der die Problematik deutlich macht und mit dem Aufstellenden gemeinsam eine passende Lösung sucht. Ein Problem könnte sich daraus ergeben, dass diese Lösung aufgrund der inneren Widerstände des Aufstellenden nicht weit gehend genug ist.
Die an Bert Hellinger orientierten Therapeuten gehen wesentlich dogmatischer vor. Im Mittelpunkt stehen die Struktur und die Dynamik der Aufstellung (das »wissende Feld« der Beziehungen), die die Lösung zeigen. Aber auch in diesem Modell muss der Aufstellende selbst den letzten Schritt tun und es ist von seiner Offenheit und Bereitschaft abhängig, ob die »Lösung« auch tatsächlich umgesetzt wird. Die Gefahr bei dieser Methode besteht darin, dass der Aufstellende mit einer Lösung konfrontiert wird, die nicht die seine ist.

Es gibt zwar entschiedene Vertreter jeder der beiden Richtungen, aber auch genügend Therapeuten, die aus beiden Methoden ihre eigene Arbeitsweise entwickelt haben. Wichtiger als alles andere ist der gute Kontakt zwischen Therapeut und Klient. Man kann – und auch das ist ein Vorteil dieser Methoden –, bevor man seine eigene Aufstellung

macht, zunächst als Zuseher oder als Rollenspieler die Arbeitsweise des Therapeuten kennen lernen und, wenn die Wellenlänge nicht stimmt, einen Wechsel vornehmen.
Familienskulptur und Familienaufstellung sind auch in Bezug auf den finanziellen und den zeitlichen Aufwand überaus ökonomisch. Sie können im Rahmen einer Therapie eingesetzt werden, aber auch ein Tagesseminar kann zum Schlüsselerlebnis zur Aufarbeitung der Mutterbeziehung werden.
Sowohl Familienskulptur als auch Familienaufstellung bieten eine Reihe von Vorteilen für die Klärung und Aufarbeitung einer problematischen Mutterbeziehung:

- Es wird eine Art des Verstehens möglich, die weit über das verstandesmäßige Begreifen hinausgeht. Die Struktur des Konfliktes wird spürbar und sinnlich wahrnehmbar.

- Alle Personen, die Anteil an der verstrickten oder gestörten Mutterbeziehung haben, werden einbezogen. Auch der Vater, auch die Geschwister und die Großeltern, die häufig einen starken Einfluss ausüben.

- Die am Konfliktgeschehen beteiligten Emotionen können gespürt und ausgedrückt werden. Das schafft Verständnis für die anderen Personen, aber auch eine Klärung der eigenen emotionalen Betroffenheit.

- Durch Veränderung der Aufstellung kann die Sichtweise des Aufstellenden verändert werden und es ergeben sich neue Lösungswege.

- In der Aufstellungs- und Skulpturenarbeit ist ein Probehandeln möglich, sodass der Aufstellende mit größerer Zuversicht seine gefundene »Wahrheit« in die Tat umsetzen kann.

Die vorangegangenen Erwägungen für die Aufarbeitung einer problematischen Mutterbeziehung gelten für alle Muttertypen. Im Folgenden möchte ich auf spezifische Lösungsansätze eingehen.

Lösung von der Machtmutter

Trennung ohne Lösung

Zur Erinnerung: Das Spiel zwischen Machtmutter und Kind funktioniert auf die Weise, dass die Mutter unter dem Vorwand, pädagogisch richtig zu handeln, das Kind unterdrückt, kontrolliert und seine Initiativen lähmt. Sie gewinnt aus dem Verhalten des Kindes – gleichgültig, ob es sich gleich fügt oder zunächst Widerstand leistet – die Bestätigung, eine gute Mutter zu sein. Nur mit einer Niederlage, die dann gegeben wäre, wenn das Kind nicht ihren Anweisungen folgt, kann sie nichts anfangen. Dann würde sie den Einsatz ihrer Machtmittel verstärken. Das Kind leidet zwar unter der Bevormundung, spielt aber letztlich mit, da es keine Angst vor den Folgen seines Verhaltens haben muss, solange es das tut, was die Mutter verlangt, und weil ihm auch unangenehme Entscheidungen und Tätigkeiten abgenommen werden. Durch dieses Verhalten der Mutter entwickelt das Kind keine ausreichende Kompetenz zu selbständigem Handeln und dies ist wieder ein Anstoß für die Mutter, ihre Bevormundung fortzusetzen.

Ein Ausstieg aus dem Teufelskreis wäre dadurch möglich, dass die Mutter auf die Machtspiele verzichtet. Oder dass das Kind mit Selbstbewusstsein seine Anliegen vertritt. Aber das wäre wohl für beide Seiten zu viel verlangt. Beide müssten auf den Nutzeffekt aus dem Spiel verzichten. Die Mutter würde sich als Verliererin und versagende Mutter erleben, das Kind müsste auf die Sicherheit verzichten, die es im Schutz der Mutter genießt.

Von den Kindern von Machtmüttern, die hier zu Wort kommen, wagte nur Richard diesen Schritt. Auf den Versuch seiner Mutter, ihn das Flötenspiel lernen zu lassen, reagierte er mit Totalopposition. Er spielte im wahrsten Sinn des Wortes nicht mit. Damit verstieß er gewissermaßen gegen die Spielregeln, denn nach der Theorie von Eric Berne läuft das Spiel nur weiter, wenn beide Partner einen Nutzeffekt haben. Durch sein Verhalten hat Richard den Gewinn für die Mutter vereitelt, denn die Episode mit der Blockflöte ist eine Niederlage für sie und kann ihr nicht als Bestätigung in ihrer Mutterrolle dienen.

Sie verstärkte zunächst ihre Anstrengungen durch Schläge und Schreikrämpfe. Als auch diese Eskalation der eingesetzten Machtmittel erfolglos blieb, war das Spiel beendet. Dies bedeutete aber keine Lösung des Konfliktes zwischen Mutter und Sohn, sondern nur den Spielabbruch. Dazu Richard:

»Zwischen meiner Mutter und mir war immer ein Machtkampf. Ich war sicher nicht einfach, das gebe ich zu. Mit 17 habe ich dann gemacht, was ich wollte.«

Bei den anderen Kindern einer Machtmutter dauerte es wesentlich länger, bis es zu einer Trennung und räumlichen Distanzierung kam. Herfried hatte einerseits Glück, da er mit 18 Jahren in die 80 Kilometer entfernte Universitätsstadt ziehen musste (oder durfte), um sein Architekturstudium zu beginnen. So konnte er sich wenigstens teilweise aus der Einflusssphäre der Mutter lösen. Andererseits blieb er durch das Studium noch lange von den Eltern wirtschaftlich abhängig.

Für Johannes kam die Chance zur Trennung in Gestalt von Gerta, seiner späteren Ehefrau. Natürlich hat es seitens der Mutter nicht an Versuchen gefehlt, Johannes seine Gerta auszureden und sie schlecht zu machen, um die beiden auseinander zu bringen und die alte Abhängigkeit wieder herzustellen. Er schildert folgende Episode:

»Ich war krank und es hat geregnet. Gerta ist mit dem Fahrrad zu mir gekommen und war natürlich total durchnässt. Die Mutter hat gesagt: ›Welche gebadete Maus hast du dir denn da aufgelesen?‹«

Diese Bemerkung der Mutter klingt eigentlich relativ harmlos, aber aus der Tatsache, wie präzise diese Szene mehr als 35 Jahre in Johannes' Gedächtnis gespeichert wurde, lässt sich schließen, wie tief ihn die darin enthaltene Abwertung getroffen hat.

»Ich habe Gerta mit 26 kennen gelernt. Sie hat noch zwei Jahre Ausbildung in W. gemacht. Ich bin in dieser Zeit noch bei meiner Mutter geblieben. Ich habe zu Hause nichts mehr über Gerta gesagt. Wenn ich nach W. gefahren bin, habe ich Lügen gebraucht.«

Mit 28 Jahren schafft es Johannes schließlich, von zu Hause auszuziehen, wo er bis zum Schluss kein eigenes Schlafzimmer hatte, sondern im Ehebett mit der Mutter schlief.

Bei Angela endete der erste Versuch, Selbständigkeit zu erlangen und sich aus der Einflusssphäre der Mutter zu lösen, genau dort, wo sie nicht hinwollte: in totaler Abhängigkeit.

»Nach meiner Volljährigkeit bin ich nach W. gezogen. Ich habe also 180 Kilometer zwischen meine Mutter und mich gebracht. Dann bin ich schwanger geworden, habe aber nicht geheiratet. Das war dann ein Familieneklat, ich sollte das Kind abtreiben und und und. Das habe ich nicht gemacht, da habe ich mich durchgesetzt. Das hat aber zu weiteren Abhängigkeiten geführt, denn nach der Geburt meiner Tochter habe ich diverse Jobs gesucht, die aber alle nicht funktioniert haben.«

Schließlich landet sie in dem Unternehmen, in dem ihre Mutter als Betriebsdirektorin beschäftigt ist. Einerseits ist es angenehm, eine Mutter zu haben, die einem »unter die Arme greift«, aber andererseits wird diese Unterstützung erkauft mit Abhängigkeit und Erduldung der Machtspiele:

»Sie hat sich immer eingemischt. Ich musste früher da sein als die anderen Angestellten, ich musste genauer arbeiten, ich durfte dieses und jenes nicht, denn ich bin ja die Tochter. Ich habe teilweise Arbeiten von ihr übertragen bekommen, die überhaupt nicht in mein Revier gefallen sind.«

Dieser Zustand dauerte immerhin zehn Jahre an. Durch zwei einschneidende Erlebnisse gelang Angela zumindest eine teilweise Abnabelung von der Mutter. Sie erlitt eine Tumorerkrankung mit einer sehr ungünstigen Erstdiagnose und eine enge Freundin, die voller Zukunftspläne war, starb. Angela nahm sich eine Auszeit von mehreren Monaten und ging nach Amerika. Nach ihrer Rückkehr gab sie den Job in dem Unternehmen, in dem ihre Mutter arbeitete, auf und baute sich mit der ihr eigenen Energie eine neue Berufslaufbahn auf.

Man könnte meinen, dass sich das Problem Machtmutter für die Kinder in dieser Lebensphase nun von selber löst, da sich die Umstände, die die Voraussetzung für dieses Spiel darstellen, geändert haben. Die Kinder sind aus dem Haus, haben sich ihr berufliches und familiäres Leben aufgebaut und sind wirtschaftlich unabhängig von der Mutter.

Zum Rollenwechsel in der Mutter-Kind-Beziehung

Ganz allgemein, und das betrifft nicht nur die Machtmutter, wird in jeder Mutter-Kind-Beziehung ein Rollenwechsel notwendig. Ist zunächst das Kind auf die Mutter angewiesen, so wandeln sich die Rollen im Laufe des Lebens, bis schließlich die Mutter das Kind braucht. In

der ersten Lebensphase stellt die Mutter nahezu die alleinige Umwelt des Kindes dar. Wenn die Beziehung gut verläuft, nimmt sich die Mutter mit zunehmender Entwicklung und zunehmender Selbständigkeit des Kindes zurück und entlässt es in die Welt. Aus dem Abhängigkeitsverhältnis wird schließlich ein partnerschaftliches. Dies spätestens dann, wenn die Kinder selbst Eltern werden.
In einer späteren Lebensphase der Mutter, insbesondere dann, wenn ihr Partner nicht mehr lebt, braucht die Mutter das Kind mehr als das Kind die Mutter. Glücklicherweise sind in unseren Breiten die Eltern bezüglich der Altersversorgung meist nicht mehr vollständig auf die Kinder angewiesen, wie das früher der Fall war. Hier springen zwar unpersönliche, aber zuverlässig funktionierende Versicherungssysteme ein. Diese eigene Vorsorge, die Sicherheit, nicht vom Wohlwollen und der Dankbarkeit der Kinder abhängig zu sein, ist ein gewaltiger sozialpolitischer Fortschritt.
Das Gegenmodell einer sich selbst versorgenden Großfamilie, die mehrere Generationen umfasst, mag das ethisch anspruchsvollere und menschlich wärmere sein, aber es schafft Abhängigkeiten, die die Menschen unserer Gesellschaft mehrheitlich nicht mehr wollen. Auch der ältere Mensch strebt wirtschaftliche Selbständigkeit an. Das Kind als Altersversorgung ist out. Und zwar von beiden Seiten. Das wollen weder die Eltern noch die Kinder.
Auch wenn die wirtschaftliche Situation der Mutter gesichert ist, hat sie doch in der Regel einen Wunsch: Sie möchte am Leben ihres Kindes teilhaben. Die Angst, im Alter allein zu sein, ist für viele Eltern ein Motiv, überhaupt Kinder zu haben.

Machtmutter ohne Macht

Die Dominanz der Machtmutter resultierte daraus, dass sie an der Quelle der Bedürfnisbefriedigung und der Wunscherfüllung des Kindes saß und diese Position für ihre Machtspiele ausnützte. Nun, da die Kinder erwachsen sind, haben sich die Vorzeichen geändert. Die Mutter hat, objektiv betrachtet, keine Macht mehr. Die Kinder verfügen nun über die Verstärker und haben es in der Hand, die Wünsche der Mutter zu erfüllen wie z. B. sie an ihrem Leben teilnehmen zu lassen, ihr Zuspruch und Aufmerksamkeit zu schenken, ihr Pflege oder materielle Unterstützung angedeihen zu lassen. Meist aber handelt es sich schlicht darum, ihr Zeit zu schenken.
Die Interviews mit den Kindern von Machtmüttern dokumentieren, dass die Zeit keine Wunden heilt und dass nicht einmal die Änderung

der Machtverhältnisse zu einer Lösung der Konfliktsituation zwischen Mutter und Kind führt.

Schauen wir uns die Beziehung zwischen dem erwachsenen Kind und der mittlerweile gealterten Machtmutter am Beispiel Herfrieds an. Seine Mutter baut bei ihm mit Anrufen, in denen sie ihm ihre Leidenszustände und ihre Einsamkeit schildert, einen psychischen Druck auf, bis er schließlich die ungeliebte Besuchsfahrt unternimmt. Sie tut noch ein Übriges: Sie bietet ihm eine finanzielle Entschädigung an, ein Relikt aus der Machtmutterzeit, als sie noch für die Bedürfnisbefriedigung von Herfried zuständig war. Heute hat diese Geste nur noch symbolischen Charakter, aber sie wirkt noch immer.

»Sehnsucht habe ich keine nach ihr. Berührungen halte ich überhaupt nicht aus. Ich fahre wirklich nur zu ihr, wenn der Druck von ihr so stark wird, dass ich fahren muss, weil sie als Lockmittel immer 50 bis 70 Euro locker macht, als Benzingeld getarnt. Das ist eigentlich meine einzige Freude, die ich daran habe. Sie nervt mich immer am Telefon: ›Wann kommst du?‹

Wenn ich diese minimalen Zeiten einhalte, ist es erträglich. Ich habe natürlich Taktiken entwickelt, wie ich es aushalte. Zuerst genieße ich die Fahrt. Dann lese ich alle Zeitungen, die ich finde, alle Illustrierten. Dann decke ich den Tisch und räume ab. Da brauche ich nicht zu reden mit ihr und es vergeht die Zeit. Nach dem Essen schlafe ich immer und dann versuche ich, über Geschichten zu reden, die nichts mit ihrer Krankheit zu tun haben, damit sie nicht wieder davon anfängt. Fernsehen ist problematisch, denn da setzt sie sich immer neben mich, streichelt mich und sagt: ›Streichel, streichel.‹«

Bleiben wir beim Beispiel Herfrieds. Warum gelingt es ihm nicht wenigstens jetzt, da er von seiner Mutter nicht mehr abhängig ist, da er eine berufliche Karriere hinter sich hat, die ihm Selbstbestätigung brachte, ein entspanntes Verhältnis zu ihr aufzubauen?

Strukturanalyse

Zur Beantwortung dieser Frage ist es hilfreich, eine weitere Anleihe bei Eric Berne zu machen und seine so genannte Strukturanalyse heranzuziehen. Er nimmt an, dass die Persönlichkeit des Erwachsenen aus drei Ich-Zuständen besteht, mit deren Hilfe der Mensch die Realität

definiert, Informationen verarbeitet und auf die Umwelt reagiert: das Eltern-Ich, das Erwachsenen-Ich und das Kindheits-Ich.
Das Eltern-Ich enthält das moralische Empfinden, die Regeln und Normen. Es bewertet die Umwelt und macht Vorschriften.
Das Erwachsenen-Ich ist der »Ort« des logischen Denkens und der rationalen und möglichst objektiven Erfassung der Umwelt.
Im Kindheits-Ich sind die Gefühle gespeichert. Es ist für schöpferische und spontane Handlungen zuständig.
In der Kommunikation gibt es somit immer mehrere Möglichkeiten, mit welchem Ich-Zustand eine Botschaft angenommen und an welchen Ich-Zustand beim Gegenüber sie gerichtet wird. Es ist keinesfalls so, dass die Kommunikation zwischen Mutter und Kind durchwegs vom Eltern-Ich der Mutter zum Kindheits-Ich des Kindes laufen muss. Im Gegenteil. Es ist außerordentlich wichtig, dass sich das Kindheits-Ich der Mutter beim Albern und Spielen an das Kindheits-Ich des Kindes wendet. Oder dass das Erwachsenen-Ich der Mutter dem sich entwickelnden Erwachsenen-Ich des Kindes Dinge erklärt und auch auf seine Argumente eingeht, ohne es zu belehren oder zu bevormunden.
Im Falle der Machtmutter erfolgt die Kommunikation recht einseitig von ihrem Eltern-Ich zum Kindheits-Ich des Kindes. Dies auch dann, wenn eine partnerschaftliche Auseinandersetzung oder Entscheidungsfindung möglich wäre, wie zum Beispiel in Fragen des Haarschnitts, der Bekleidung oder des Erlernens eines Musikinstrumentes.
Das Zitat von Herfried zeigt, dass beide nie gelernt haben, von Erwachsenen-Ich zu Erwachsenen-Ich zu kommunizieren. Als die Mutter merkte, dass sie aufgrund der Selbständigkeit des Sohnes nicht mehr vom Eltern-Ich aus agieren konnte, versuchte sie es vom Kindheits-Ich aus (»Ich bin krank und einsam«). Aber Herfried kann mit diesem Ich-Zustand der Mutter nichts anfangen. Bei ihm dominiert noch immer das Bild der übermächtigen Mutter und er reagiert trotzig mit dem Kindheits-Ich, indem er zwar dem Wunsch der Mutter nachkommt, sich aber während des gesamten Besuchs verweigert. Man sieht mit ein wenig Fantasie das Bild des kleinen Jungen vor sich, der sich die Augen zuhält und sagt: »Ich bin nicht da.« Herfried kann seine Mutter noch am ehesten in ihrer alten Rolle annehmen, als sie noch die Verstärker verwaltete und sie den »braven Buben« belohnte. So ist verständlich, dass seine einzige Freude am ungeliebten Besuch das »Benzingeld« ist.

Auch die Mutter von Johannes änderte ihre Kommunikationsstruktur. Da ihre dominanten Verhaltensweisen nicht mehr funktionierten, benützte sie Krankheiten, um von den Kindern Zuwendung zu erpressen. Sie sah sich sogar gezwungen, ihre bestehenden gesundheitlichen Probleme zu dramatisieren und als lebensbedrohlich darzustellen, um die Anwesenheit der Kinder zu erzwingen.

»Die Situation war so, dass sich ihre Angina-pectoris-Anfälle immer mehr gehäuft haben. Dann hat sie auch noch ein Lungenödem bekommen. Ich habe immer Angst gehabt, sie erstickt. Bei solchen Anfällen ist sie in Panik geraten und hat versucht, alle zu erreichen. Meistens war ich dann derjenige, den sie am ehesten erreicht hat, weil ich in der Nähe gewohnt habe. Und ich habe dann meinen ältesten Bruder verständigt, weil sie den auch haben wollte. So wie sie am Telefon gesprochen hat, war ich momentan wirklich der Meinung, jetzt ist irgendetwas los mit ihr.
Dann kamen wir in die Wohnung und sahen, wie meine Mutter am Bettrand sitzt. Zuerst sah sie furchtbar leidend aus, ›Gott sei Dank, dass ihr gekommen seid, ich habe schon geglaubt, ich sterbe.‹ Dann haben wir gesagt: ›Ja, was fehlt dir denn eigentlich? Geht es dir schlecht? Dann holen wir den Notarzt.‹ – ›Nein, dass ihr nur da seid.‹ Dann ist sie gesessen und hat angefangen, ihre Geschichten zu erzählen.
Ich bin richtig zornig geworden und habe gesagt: ›Du wirst dich so lange spielen mit dem Theater, dass dir, wenn es einmal wirklich ernst ist, keiner glauben wird. Dann passiert wirklich das, wovor du solche Angst hast: dass du allein stirbst. Dann wird keiner da sein.‹«

Das Verhalten der Mutter von Johannes deckt sich mit dem von Herfrieds Mutter. Beide begeben sich in die Rolle des Kindheits-Ichs, um Zuwendung zu bekommen. Die Reaktion von Johannes ist aber anders als die von Herfried und zeigt eine neue Facette dieses Spiels: Er reagiert mit dem Eltern-Ich und weist die Mutter, statt Anteilnahme zu zeigen, zurecht, indem er mahnend und mit erhobenem Zeigefinger auf die Folgen ihres »ungebührlichen Verhaltens« hinweist. Es ist dies im Prinzip eine Umkehrung der Kommunikationsstruktur seiner Kindheit, als die Mutter seine Wünsche abschmetterte.

Anders lief es bei Richard:

»Ab 25, 26, als ich geheiratet habe und die Enkel da waren, wollte sie teilnehmen. Sie war anstrengend, hat immer gute Ratschläge erteilt. Ich

war darauf bedacht, Distanz zu halten. Ich wollte nicht streiten mit ihr, denn sie war die Schwächere.
Sie hätte zu den Enkeln gern Kontakt gehabt, die haben aber die Flucht ergriffen. Bei mir hat sie sich ausgeschlossen, weil sie gegenüber meiner neuen Partnerin unversöhnlich war. Sie hat gesagt: ›Ich kann nicht zu dir kommen, weil die Sylvia da ist.‹«

Dieses Zitat zeigt, dass die Mutter Richards bei ihrem dominanten Verhalten blieb und auch noch dem erwachsenen Sohn gegenüber bestimmen wollte. Er reagierte, wie er es gewohnt war und wie er es beispielsweise mit der Flöte praktiziert hatte: trotzig und kompromisslos. Und auch als in seiner Ehe Schwierigkeiten auftraten, reagierte er mit dem Kindheits-Ich und fand in diesem Repertoire nur die bereits »erprobten« Verhaltensweisen »Trotzig-Sein« und »Abbrechen«.

»Meine Kompromisslosigkeit in meiner Ehe, die ja gescheitert ist, ist sicher auf mein Verhältnis mit der Mutter zurückzuführen. Es ist mir jetzt im Gespräch erst aufgefallen: Meine Frau hat mir eigentlich nichts getan. Ich habe mich aber kompromisslos verhalten. Ich habe gesagt: Das war's, Scheidung und aus. So wie ich meiner Mutter gegenüber kompromisslos war.
Im Nachhinein betrachtet habe ich mich meiner Mutter gegenüber und in abgeschwächter Form auch meiner Frau gegenüber verhalten, wie es nicht meinem Naturell entspricht. Ich bin sonst eher langmütig und geduldig. Nur meiner Mutter gegenüber habe ich zugemacht, da war ich hart. Ich getraue mich zu sagen, dass es Notwehr war.«

Das Beispiel von Richard macht deutlich, wie wichtig es gewesen wäre, das Spiel nicht nur trotzig abzubrechen, sondern die Beziehung zur Mutter aufzuarbeiten. Vielleicht hätte er es dann geschafft, auf die Eheprobleme mit Dialogbereitschaft zu reagieren und mit seiner Frau in der Krisensituation von Erwachsenen-Ich zu Erwachsenen-Ich zu reden.

Auch Angelas Mutter gab ihr bestimmendes Verhalten im Alter nicht auf, als die Tochter längst erwachsen war. Sie mischte sich weiterhin in die Belange Angelas ein und reagierte beleidigt, wenn es ihr verweigert wurde. Die Mutter hatte den Schlüssel zu Angelas Wohnung, weil sie gelegentlich während deren Abwesenheit nach dem Rechten sah:

»Das war immer so, dass sie Besuchern meine Schränke gezeigt hat.

Ich bin ein sehr ordentlicher Mensch und da hat sie eher angeberisch meine Schränke, in denen ich meine Unterwäsche habe, hergezeigt. Ich habe mich lange nicht gewehrt. Damit habe ich erst angefangen so seit einem Jahr. Sie hat sich aufgeregt und gesagt: ›Ich werde nicht mehr eingeladen.‹ Darauf ich: ›Du wirst auch nicht mehr eingeladen, weil du dauernd irgendwas zu kritisieren hast.‹ Ich wohne in einer Terrassenwohnung. Da kann niemand hereinschauen, also habe ich auch keine Vorhänge. Das ärgert sie bis heute, denn das sei nicht ordentlich, das gehöre sich nicht.«

Die Spiele aus der Kindheit Angelas mit dem Lesen der Tagebücher und dem Anlegen von Verstecken wiederholen sich in anderer Form. Die einzige Chance, sich der bestimmenden Mutter zu erwehren, sieht Angela darin, sie auszusperren. Ihr Lösungsversuch, die Rollen zu vertauschen und mit der Mutter von Eltern-Ich zu Kindheits-Ich zu kommunizieren, ist grandios fehlgeschlagen und musste das wohl auch, denn im Vertauschen der Rollen ist die Lösung nicht zu finden. So menschlich verständlich dieser Versuch von Angela auch sein mag, so psychologisch falsch ist er:

»Also seit 14 Tagen weiß ich, dass die Aussöhnung mit der Mutter nicht möglich ist. Ich habe mich irgendwie immer daran geklammert: Wenn ich das hinkriege, dass sie einmal sagt: ›Es tut mir leid‹, dann löst sich das auf. Aber sie macht mir das Leben nicht so einfach, sie sagt es nicht. Ich habe sie an beiden Armen gehalten und gesagt: ›Sag einfach: Ich habe nicht anders können, ich war zu jung, ich bin mit meinem Leben nicht fertig geworden.‹ Ich weiß, dass sie es deshalb gemacht hat. Das verstehe ich schon. Aber das Eingeständnis mir gegenüber, dass es nicht ganz o.k. war, was sie mit mir aufgeführt hat, das war nicht zu bekommen.«

Änderung der Perspektive und der Kommunikation

Es ist erstaunlich, dass die Kinder von Machtmüttern auch dann noch die übermächtige und bedrohliche Frau in der Mutter sehen, wenn sie bereits krank, schwach und gebrechlich ist. Das gespeicherte innere Bild ist stärker als die reale Wahrnehmung. Selbst wenn die Mutter sich in den Kindheits-Ich-Zustand begibt, um hilfsbedürftig zu wirken, reagieren Herfried und Johannes wie gegenüber einer machtvollen, bedrohlichen Person.

Die Machtmutter braucht offensichtlich keine Macht, um beim Kind

das tief eingeprägte Bild und das dazugehörige Verhalten auszulösen. Das mittlerweile erwachsene oder sogar gealterte Kind richtet bei der Kommunikation mit der Mutter den Blick immer noch nach oben, wie es das als Sprössling getan hat.
Es ist nicht einfach, den Kommunikationsstil zu ändern, denn er ist Ausdruck des Bildes, das die/der jeweils andere vom Kommunikationspartner hat. Das Kind, wie alt und selbständig es auch immer geworden ist, hat noch immer das Bild der Machtmutter im Kopf und es reagiert mit Abwehr oder Verweigerung. Die Mutter sieht immer noch das Kind, das ohne sie verloren ist und dem sie sagen muss, was es zu tun hat.
Die Lösung bestünde darin, die Perspektive zu ändern und zu lernen, auf Augenhöhe miteinander zu kommunizieren. Dazu gehört, von Erwachsenen-Ich zu Erwachsenen-Ich zu sagen, was man vom anderen will. Und der andere sagt, was er zu geben bereit ist. Es wird nicht leicht sein, das zu lernen, denn diese Kommunikationsform wurde in der Beziehung zwischen Machtmutter und Kind von beiden sträflich vernachlässigt. Das »ausgesparte« Erwachsenen-Ich genoss nie das Vertrauen, es wurde ihm nie zugetraut, das Ich nach außen zu vertreten, um die eigenen Bedürfnisse befriedigt zu erhalten. Es wurde vielmehr das Eltern-Ich oder das Kindheits-Ich zur Formulierung der Wünsche vorgeschoben.

Ich möchte auf einen weiteren »blinden Fleck« in der Kommunikation zwischen Machtmutter und Kind hinweisen: den Dialog von Kindheits-Ich zu Kindheits-Ich. Das dominante Verhalten der Machtmutter musste in der Lebensphase, als das Kind von der Mutter abhängig war, bedrohlich wirken. Aber jetzt? Ein Großteil des Ärgers über die unangemessenen Einmischungen der mittlerweile »machtlosen Machtmutter« rührt daher, dass das erwachsene Kind in der Vorstellung gefangen ist, sich zur Wehr setzen zu müssen. Und es verleiht gerade dadurch der Mutter Macht über sich. Es brächte eine Entspannung der Situation, wenn der Sohn oder die Tochter es schaffen würde, vom eigenen Kindheits-Ich zum Kindheits-Ich der Mutter zu kommunizieren und sich über die Bevormundung oder die Einmischung lustig zu machen. Und eine gewisse Komik kann man diesen späten Versuchen der Machtmutter, ihre alte Rolle zu spielen, meist nicht absprechen.

Lösung von der Opfermutter

Entkoppeln von Schuldgefühl und Verhalten

Die Interaktionen zwischen Opfermutter und Kind lassen sich lernpsychologisch interpretieren und verstehen: Ein Verhalten wird dann eher gezeigt, wenn es mit angenehmen Konsequenzen verbunden ist. Für die Mutter bedeutet das: Sie wird für ihr Opferverhalten mit dem erwünschten Verhalten des Kindes belohnt und behält es deshalb bei.

Aber es muss nicht unbedingt eine Belohnung sein. Auch die Beendigung oder Milderung eines unangenehmen Zustandes wirkt verhaltensverstärkend. In unserem Fall wird durch das Opferverhalten der Mutter beim Kind ein unangenehmer Zustand, ein Schuldgefühl, aufgebaut. Durch bestimmte, von der Mutter erwünschte Verhaltensweisen kann dieses unangenehme Gefühl gemildert, der Stand des Schuldkontos gesenkt werden. Somit werden beide in ihrem Verhalten bestätigt: die Mutter durch das erwünschte Verhalten des Kindes, das Kind durch die Reduktion des Schuld(gefühls)kontos.

Das Teuflische an diesem Konto ist, dass es nie auf Null gestellt werden kann, dass, egal, was man tut, immer eine Restschuld bestehen bleibt und man nie frei von Schuld(en) ist. Aber nicht jedes Verhalten bringt die gleiche Senkung des Kontostandes. Man kann sich das etwa so vorstellen: Ein Anruf bringt eine Reduktion um 50 Punkte, ein Besuch eine von 100 Punkten, ein gemeinsames Wochenende verringert das Schuldgefühlskonto um 200 Punkte und ein gemeinsamer Urlaub um 400 Punkte. Der Antrieb für das Kind, das erwünschte Verhalten zu zeigen, ist also die Aussicht, dass ein unangenehmer Zustand erträglicher wird. Ist eine Reduktion des Schuldgefühls unter einen bestimmten Level erfolgt, so dauert es wieder eine gewisse Zeit, bis durch weiteres Opferverhalten der Mutter das Schuldkonto wieder so weit angewachsen ist, dass es »drückt« und somit zum Handeln antreibt.

Diese Situation hat in Bezug auf das psychische Wohlbefinden einen zusätzlichen negativen Aspekt: Wie bereits ausführlich dargestellt, sieht sich die Opfermutter gezwungen, zu leiden und sich aufzuopfern, statt sich etwas zu gönnen und sich wohl zu fühlen. Aber auch dem Kind ergeht es nicht besser. Da es nur für solches Verhalten, das ein Opfer darstellt, eine Reduktion des Schuldgefühls erhält, bleibt ihm gar nichts anderes übrig: Es muss das von der Mutter erwünschte Verhalten als unangenehm beurteilen und empfinden, denn für neutrale oder gar angenehme Tätigkeiten gibt es keine Verringerung des Schuldkontos.

Das ist so, als würde man in einem Restaurant das Essen billiger bekommen, wenn man es mit allen Anzeichen des Unbehagens und des Ekels isst. Eine ausgesprochen blöde Situation, sowohl für den Gast als auch für den Wirt. Der Gast hindert sich selbst am Genuss, da er sonst mehr zahlen müsste. Und der Wirt muss den Gast, der über sein Essen nörgelt, mit einem niedrigeren Preis belohnen. Glücklicherweise gibt es solche Restaurants nicht. Oder doch?

Aufgrund dieser gegenseitigen Abhängigkeit darf es nicht verwundern, dass Kinder, selbst wenn sie schon erwachsen sind, kaum eine Chance sehen, sich von der Mutter zu lösen. Ich erinnere an Linde: Sie zog mit 25 Jahren, als sie bereits verheiratet war und zwei Kinder hatte, in die Wohnung, die durch eine Verbindungstür mit der Garçonniere der Mutter verbunden war. Diese Türe erwies sich als »Katastrophe«. Es dauerte sechs Jahre, bis sie zugemauert wurde, und weitere sechs Jahre, bis Linde schließlich aus der Wohnung auszog. Aber auch dann funktionierte das Spiel noch mit Anrufen der Mutter, die bei Linde Magenschmerzen verursachten.

Wie kann dieser Teufelskreis: Opferverhalten der Mutter > Schuldgefühl des Kindes > Auslösen des erwünschten Verhaltens > Verminderung des Schuldgefühls unterbrochen werden? Folgt man dem lernpsychologischen Ansatz, dann liegt die Lösung aus der Sicht des Kindes darin, dass es sein Verhalten vom Schuldgefühl entkoppelt, sodass z. B. der Besuch bei der Mutter nicht mehr die Reaktion auf das schlechte Gewissen und damit auch nicht die Belohnung für das Kränkeln der Mutter ist.

Dazu wäre es in einem ersten Schritt notwendig, dass zwischen Mutter und Kind ein Schematismus für das erwünschte Verhalten vereinbart wird, mit dem beide leben können, z. B. ein Anruf alle drei Tage und ein Besuch alle zwei Wochen. Das mag etwas kindisch und gekünstelt klingen, aber man würde mit diesem Kunstgriff erreichen, dass das Verhalten des Kindes nicht mehr mit dem Verhalten der Mutter gekoppelt ist. Und das wäre die Voraussetzung dafür, dass die Mutter keine Opfersignale mehr aussenden muss und das Kind nicht handelt, um das schlechte Gewissen zu besänftigen. Es bestimmt dann der Kalender das Verhalten des Kindes und nicht mehr das Schuldgefühl.

Das Wichtigste dabei ist, den Plan überaus penibel und konsequent einzuhalten und keine Ausnahmen von der Regelung zuzulassen, auch wenn die Opfersignale intensiver werden (und das werden sie mit Sicherheit). Die Belohnung für die Konsequenz besteht darin, dass die Appelle der Mutter schließlich schwächer und seltener und die Schuldgefühle des Kindes geringer werden.

Vom Schuldgefühl zur Dankbarkeit

Und nun ergeben sich völlig neue Möglichkeiten. Die Mutter muss nicht mehr in eine Opferrolle fallen, um ein bestimmtes Verhalten des Kindes zu erpressen. Und das Kind kann das von der Mutter erwünschte Verhalten erträglich oder sogar angenehm finden, ohne Angst haben zu müssen, dass deshalb mehr davon verlangt wird.

Um unser voriges Beispiel mit der Tochter nochmals aufzugreifen, es könnte so ablaufen: Die Tochter kommt jetzt zwar seltener zu Besuch, aber freiwillig und nicht mit griesgrämigem Gesicht, dem man möglichst ansehen soll, wie groß das erbrachte Opfer ist. Die Mutter braucht nicht mehr ihre Leidenssignale auszusenden (weil sie ohnehin nicht mehr funktionieren) und kann sich über den Besuch einfach freuen, ohne befürchten zu müssen, dass dadurch das Intervall bis zum Wiedersehen verlängert wird.

Und noch etwas: Die Opfer, die dieser Muttertyp erbringt, sind ja Realität. Lindes Mutter hat ja tatsächlich jeden Groschen gespart und für einen Hungerlohn gebügelt, um der Tochter ein besseres Leben zu ermöglichen. Und Michaelas Mutter hat tatsächlich bei der Kinderbetreuung und im Lokal geholfen und finanzielle Unterstützung gewährt. Aber die Dankbarkeit der Kinder wurde dadurch erstickt, dass der Preis für diese Opfer, wie es Michaela ausdrückte, sehr hoch war. Denn damit wurden bestimmte Verhaltensweisen und Gefühle erpresst.

Wenn aber das Verhalten der Mutter und das Verhalten des Kindes entkoppelt werden, dann sind die Opfer keine »Danaer-Geschenke« mehr. Dann kann das Kind seine Dankbarkeit zeigen, ohne befürchten zu müssen, dass das »dicke Ende« erst noch kommt.

In der Realität ist es aber überaus schwierig, diesen Weg zu gehen, denn die aufkommenden Schuldgefühle machen die besten Überlegungen und Konzepte immer wieder zunichte. Damit es funktioniert, braucht man therapeutische Hilfe. Oder eine veritable Krise. Es ist sicher kein Zufall, dass Linde eine zumindest teilweise Ablösung von der Mutter im Zuge einer Ehekrise gelungen ist. In diesem Zustand der emotionalen Überforderung war sie einfach nicht mehr in der Lage, auf die Opfersignale so zu reagieren, wie die Mutter es wünschte.

Michaela schaffte die Ablösung, oder eigentlich den Absprung, im Moment größter Verzweiflung, als sie in ihrer Ehe am Ende aller Wege angelangt war. Nach Jahren gegenseitiger Provokation kam es zum Eklat. Ihr Ehemann schlug sie im Alkoholrausch nieder.

»Der hätte mich zertreten und erschlagen. Der hat nicht mehr gewusst, was er tut. Und in meinem Kopf hat es dann ›Klick‹ gemacht: ›Michaela, was muss passieren, dass es dir reicht? Wo ist deine Grenze?‹«

Dieses traumatische Erlebnis war dann der Auslöser, ihr Verhalten auch der Mutter gegenüber zu ändern:

»Das war mir damals nicht klar oder bewusst. Aber das ist Hand in Hand gegangen. Mit der Loslösung von meinem Ex-Mann ist die Loslösung von ihr passiert.«

Aber das kann ja nicht die Methode der Wahl sein, dem eigenen Unglück zuzuschauen und auf eine Krise zu warten. Dann schon lieber die »Gelben Seiten« aufschlagen und unter P wie Psychotherapeuten nachschauen.
Der dargestellte lernpsychologische bzw. verhaltenstherapeutische Ansatz zeigt zwar ganz klar die Struktur des Problems und führt logisch zum richtigen Lösungsschritt, er lässt aber die damit verbundenen Gefühle, insbesondere die starken Ängste, völlig außer Acht. Und gerade dort liegen die Gründe dafür, dass der entscheidende Schritt nicht gesetzt wird oder nach zaghaften Versuchen bei den ersten Schwierigkeiten ein Rückzieher erfolgt.
Mit Hilfe der Familienskulptur oder der Familienaufstellung können die Emotionen, die die Beziehung zwischen Opfermutter und Kind prägen, aktualisiert und bewusst gemacht werden. Und im Dialog mit der Mutter (bzw. deren Stellvertreterin) kann geklärt werden, welche ihrer Anforderungen (z. B. Dankbarkeit) angenommen und welche (z. B. Schuld) zurückgewiesen werden. Dieses Probehandeln in der Aufstellung bereitet auf die emotionalen Schwierigkeiten vor und gibt Selbstvertrauen. Und damit verbessert sich die Chance, es auch in der Realität zu schaffen.

Lösung von der narzisstischen Mutter

Die »Mutter im Kopf«
Das Problem in der Beziehung zur narzisstischen Mutter besteht darin, dass ihr bestimmender Einfluss den eigenen Bedürfnissen und Defiziten folgt und beim Kind zu einer Selbstentfremdung führt. Die Beziehung des Kindes zur Mutter ist von Ambivalenz geprägt: einerseits eine Hin-

bewegung zu ihr, weil von ihr Impulse und Bestätigung ausgehen, andererseits eine Wegbewegung, weil sie die Selbstfindung verhindert.

Kris vergleicht ihre Mutter mit einer Sonne, die einerseits Wärme und Energie spendet und andererseits verzehrt. Das regt zu der Vorstellung an, dass es ihr möglich sein müsste, die richtige Distanz zur Mutter einzuhalten: so nahe, dass sie gewärmt wird, und so weit weg, dass sie nicht versengt wird. So, wie man es manchmal am offenen Kamin oder am Lagerfeuer versucht. Auch Karin hat einen ähnlichen Gedanken ausgedrückt. Sie quält sich mit der Entscheidung, ob sie nach dem Studienabschluss in der Nähe der Eltern wohnen soll, wo es ihr gefällt und wo sie gute berufliche Möglichkeiten sieht, oder ob es nicht besser wäre, sich in größerer Entfernung niederzulassen.

»Ich möchte nicht ganz weit weg von meinen Eltern, aber ich habe Angst davor, wenn ich jetzt wieder nach K. gehe, dass die Einflussnahme wieder so groß wird.«

So einleuchtend dieses Bild auch sein mag, ich fürchte, dass es diesen sicheren Ort zwischen Kälte und Versengen, »gerade noch Mutterliebe« und »doch schon Selbstverwirklichung« nicht wirklich gibt. Es kann ihn deshalb nicht geben, weil es »ein bisschen Selbst« nicht gibt. Es ist nicht möglich, gerade so viel Selbst zu verwirklichen, dass die Mutter zufrieden gestellt ist und das Kind damit leben kann. Die Mutter würde immer mehr wollen und das Kind auch. Es wäre der Auftakt zu einem quälenden, endlosen Spiel.

Für beide, Kris und Karin, geht es um das Thema der Selbstfindung, sie befinden sich aber an verschiedenen Punkten in diesem Prozess. Karin steuert auf die Entscheidung zu: Will ich zu meinem eben erst entdeckten Ich stehen oder opfere ich es der Mutterbeziehung. Bei Kris wiederum ist die Stimme der »Mutter im Kopf« so laut, dass sie die Melodie ihres eigenen Selbst nicht hören kann.

Ein Schlüsselsatz im Interview mit Kris ist aus meiner Sicht, dass sie am Krankenbett der Mutter sagen wollte: »Nein, Mama, ich brauche dich nicht mehr, bitte stirb endlich.« Damit drückte sie sicherlich nicht den Wunsch aus, dass die reale Mutter sterben möge, sondern die »Mutter im Kopf«, diese Instanz, die ihr ständig sagt, was sie zu tun habe. Aber diese introjezierte Mutter stirbt nicht mit der realen Mutter. Sie lebt

und wird weiter leben, bis es Kris gelingt, sich von ihr zu lösen. Bis sie selbst an die Stelle der beurteilenden, fordernden Mutter getreten ist. Nicht ein Guru, nicht eine Religion, nicht eine dominante Persönlichkeit, sondern sie selbst.
Solange das nicht passiert ist, wird sie zwischen Befolgung der Aufträge der »Mutter im Kopf« und der Auflehnung dagegen, indem sie das Gegenteil dessen macht, hin und her pendeln. Aber gleichgültig, ob Befolgung oder Auflehnung: Der Maßstab ist immer die Mutter. Erst wenn Kris die Frau im eigenen Haus ist, wenn sie selbst die Instanz zur Beurteilung ihres Verhaltens ist, ist die Lösung von der narzisstischen Mutter gelungen.
Man kann diese Problematik auch aus der Sicht der Lernpsychologie bzw. der Verhaltenstherapie betrachten. Wie wir gesehen haben, erhält das Kind einer narzisstischen Mutter Lob, Zuwendung, Bestätigung nur dann, wenn es das tut, was dem Bild der Mutter entspricht. Damit wird es von diesen positiven Verstärkern abhängig. (Karin erwähnte, dass sie geradezu süchtig nach Lob und Anerkennung der Mutter gewesen sei.) Will das Kind ein Bild von sich verwirklichen, das von den Vorstellungen der Mutter abweicht, dann muss es ohne diese Bestätigung auskommen und es tut sich ein Vakuum auf.
In dieser Situation ist für das Kind die Versuchung groß, die Leere dadurch zu füllen, dass es sich mit neuen Freunden umgibt, die ihm Bestätigung geben. Oder dass es sich einem Guru oder einer starken Persönlichkeit ausliefert, die Sicherheit gibt. Oder dass es sich einer Religion oder Philosophie anvertraut. Um dann – hoffentlich – zu erkennen, dass es damit nur die Fremdbestimmung durch die Mutter mit einer anderen Fremdbestimmung vertauscht hat.
Wenn schon Hilfe, und die wäre in dieser Phase der Unsicherheit und Angst sehr anzuraten, dann professionelle, therapeutische Unterstützung. Diese ist nicht darauf ausgerichtet, abhängig, sondern selbständig zu machen.
Der Weg kann meines Erachtens nur darin bestehen, das zunächst zarte Pflänzchen des »neuen Ich« liebevoll anzunehmen. Im folgenden Kapitel »Lösung von der lieblosen Mutter« befinden sich einige Hinweise darauf, wie man das im Dialog mit sich selbst angehen kann.
Der nächste Schritt bestünde darin, die Ansprüche der Mutter in aller Liebe und Entschiedenheit zurückzuweisen. Dafür können Familienskulptur und Familienaufstellung wertvolle Hilfe leisten.
Die weitere Pflege des Pflänzchens »neues Ich« müssen Sie als Tochter oder Sohn selbst in die Hand nehmen. Die Nahrung dafür sind positive

Verstärker. Die Instanz, die Belohnung und Bestätigung gibt, sind **Sie**. Wann immer Sie eine Handlung gesetzt oder eine Entscheidung getroffen haben im Sinne des »neuen Ich«, belohnen Sie sich dafür. Legen Sie dazu eine Liste von Belohnungen an, beginnend mit einem Lächeln, das Sie sich selbst im Spiegel schenken, bis zum Wellness-Wochenende oder einem anderen Geschenk, an dem Sie Freude haben.

Abschied vom eigenen Selbst oder von der Mutter

Karin ist einerseits in einem beneidenswerten Zustand. Sie hat ihr lange verschüttetes Selbst gefunden. Aber dadurch steht sie, und das ist die andere Seite, vor der vermutlich schwierigsten Entscheidung ihres Lebens: Soll sie zum »neuen Ich« stehen, das sie eben erst entdeckt hat, oder soll sie zu ihrer Mutter stehen, die die »neue Karin« nicht akzeptiert? Vielleicht hat sie es auch schon verflucht, ihr neues Selbst gefunden zu haben, und würde lieber noch fraglos und Selbst-los in der Mutterbeziehung leben. Aber gibt es diesen Weg zurück überhaupt noch?

Alice Miller (1979) beschreibt eine Situation, die genau der entspricht, in der sich Karin befindet: »*Kann ein Mensch, in einem langen Prozess, erleben, dass er nie als das Kind, das er war, sondern für seine Leistungen, Erfolge und Qualitäten ›geliebt‹ worden ist, dass er seine Kindheit für diese ›Liebe‹ geopfert hat, so wird ihn das zu großen inneren Erschütterungen führen, aber er wird eines Tages den Wunsch verspüren, mit dieser Werbung aufzuhören. Er wird in sich das Bedürfnis entdecken, sein wahres Selbst zu leben und sich nicht länger Liebe verdienen zu müssen, eine Liebe, die ihn im Grunde doch mit leeren Händen zurücklässt, weil sie dem falschen Selbst gilt, das er aufzugeben begonnen hat.*« (S. 94)

Die bisherigen Gespräche zeigen, dass die Mutter nicht bereit ist, die neue Karin als ihre Tochter anzunehmen. Sie schaltet auf stur, lehnt den neuen Freund Karins ab und versucht bei jedem Telefongespräch und jedem Besuch, die Tochter zu beeinflussen. Sehr viel Druck also, den Karin auszuhalten hat.

»*Ja, wir haben dann angefangen, offen darüber zu reden. Dass wir offensichtlich wirklich ein Problem haben, das war dann unbestritten, und das hat sie dann ja auch gemerkt. Sie sagt zwar immer, wir zwei müssen einen Weg finden, wie wir uns zusammenraufen, nur sehe ich da keinen Ausweg, ehrlich gesagt, denn sie hat sich nicht verändert. Ich kann mir nicht vorstellen, dass das besser wird. Wenn, dann muss ich mich ändern, und da ist die Frage, wie sehr ich das will. Bis zu welchem Ausmaß ich mich ändern will, um ihr gerecht zu werden.*

Dass sich da von ihrer Seite aus etwas tut, das kann ich mir überhaupt nicht vorstellen. Das hat es auch nicht in etlichen Gesprächen, die wir gehabt haben. Denn sie hat offensichtlich nicht verstanden, was unser Problem ist – oder sie will es nicht verstehen. Wir haben uns wieder versöhnt und versucht, irgendwie vorsichtiger miteinander umzugehen. Aber nach ein oder zwei Tagen eskaliert das immer. Ich darf also nicht länger als zwei Tage daheim sein.«

Das klingt nicht sehr ermutigend. Und auch das Wort »zusammenraufen« wirkt eher wie eine Drohung. Wenn Karin sich zu ihrem neuen Ich bekennt, steht auch die Liebe der Mutter zur Tochter auf dem Prüfstand: Kann sie die neue Karin lieben oder nicht? Vielleicht sind die Ängste von Karin unbegründet und die Mutter lenkt ein, wenn sie die Entschlossenheit ihrer Tochter wahrnimmt. Vielleicht. Was aber, wenn die Mutter nicht in der Lage ist, Karin so anzunehmen, wie sie jetzt ist? Wenn die Beeinflussungsversuche nicht aufhören? Dann muss sich Karin zwischen ihrem neuen Ich, das sie gerade erst entdeckt und lieben gelernt hat, und der Mutter entscheiden. Von einer(m) von beiden muss sie sich dann verabschieden mit all der Trauer, die ein solcher Abschied mit sich bringt.
Wenn der Schritt unausweichlich geworden ist, Abschied von der Mutter zu nehmen, so kann es dennoch möglich sein, eine Beziehung des »kleinsten gemeinsamen Nenners« aufrechtzuerhalten, in der das Kind auch seine Dankbarkeit zeigen kann. Dies allerdings nur dann, wenn zuvor geklärt ist, dass von der Mutter keine Beeinflussungsversuche mehr gestartet werden und das Kind sich wirklich damit abgefunden hat, dass es für das neue Ich nicht den »Segen« der Mutter bekommt.

Lösung von der lieblosen Mutter

Die Hoffnungsfalle

Auf die Kinder liebloser Mütter wartet ein gewaltiges Stück Arbeit, um die erlittenen Defizite, Kränkungen und Beschädigungen aufzuarbeiten und zukünftige zu verhindern.
Der erste Schritt besteht darin, die bittere Wahrheit an sich heranzu-

lassen und es wirklich zu akzeptieren, dass sie von ihrer Mutter nicht so geliebt wurden und geliebt werden, wie sie es sich wünschen und zu verdienen glauben. Die Interviews mit betroffenen Kindern zeigen, dass es sehr lange dauert, bis dieses Wissen bis ins Innerste eingesickert ist. Auch wenn viele nachher sagen: »Ich habe es immer gewusst«, so durchläuft dieses »Wissen« doch viele Stadien des Bewusstwerdens.
Die Betroffenen können es leicht selbst testen: Erst wenn das Wissen wirklich angenommen ist, hört das vergebliche, zermürbende und unglücklich machende Suchen nach der Liebe der Mutter auf.
Das, was die Kinder liebloser Mütter letztlich erhoffen und wonach sie beharrlich suchen (sofern dieser unerfüllte Wunsch nicht längst in Abneigung umgeschlagen ist), ist die Vision: Die Mutter schließt mich in die Arme, sagt mir, dass sie mich liebt und dass alles ein Missverständnis war. Und genau das kann nie passieren. Es ist gewissermaßen zweifach unmöglich. Es ist auszuschließen, dass eine mittlerweile ältere Frau im völligen Gegensatz zu ihrem bisherigen Leben plötzlich eines solchen Gefühls fähig wäre. Und selbst wenn das passieren würde: Es ist der Wunsch des kleinen Kindes in Ihnen, aber Sie sind mittlerweile erwachsen.
Lassen Sie mich ein Beispiel aus einem etwas anderen Bereich geben: Ein junger Mann ist »unsterblich« in ein Mädchen verliebt, doch was er auch tut und wie sehr er sich um sie bemüht, es ist vergeblich. Sie erwidert seine Liebe nicht. Noch jahrzehntelang träumt er davon, dass er doch noch erhört wird. Die Folgen der Zurückweisung seiner Gefühle sitzen tief und haben alle seine Beziehungen beeinträchtigt. Aber wenn heute die damals Angebetete dem mittlerweile reifen Mann ihre Liebe gestehen würde, er würde, je nach Temperament, davonlaufen oder kopfschüttelnd weitergehen. Die »Erlösung« wäre es jedenfalls nicht.
Howard Halpern, ein amerikanischer Psychotherapeut, vergleicht diese verzweifelten Anstrengungen sehr treffend mit dem Versuch, von einer Statue Milch zu bekommen, *»wobei die Statue Deine Eltern und/oder andere Leute sind, aus denen Du Liebe herauszuquetschen versuchst«*. (S. 112)
Das Streben nach der utopischen Lösung hat etwas von Realitätsverweigerung an sich. Es ist offensichtlich für die Betroffenen leichter, vergeblich der idealen Lösung nachzurennen, als die Wirklichkeit zu akzeptieren. Das Tragische an der Suche nach utopischen Lösungen ist nicht, dass diese (wie es Utopien so an sich haben) nicht erreicht werden, sondern dass die Zeit vergeudet wird, die man für die Verwirklichung des Möglichen nützen könnte. Und damit ist der Zustand

erreicht, den Paul Watzlawick (1984) im Auge hat, wenn er sagt, dass das eigentliche Problem in vielen Fällen die versuchte Lösung ist.
Die beharrliche Suche der betroffenen Töchter und Söhne zeigt, wie wichtig ihnen (und wohl uns allen) eine liebevolle Mutter wäre bzw. ist. Aber es gibt keinen Anspruch auf Mutterliebe. Das ist die Kehrseite der Ablehnung des Muttermythos. Es sind eben nicht alle Mütter »gute« Mütter. Dem Kind bleibt letztlich nichts anderes übrig, als die Mutter so anzunehmen, wie sie ist, auch wenn sie es nicht geschafft hat, dasselbe mit dem Kind zu tun.
Die »Hoffnungsfalle« hindert die Kinder liebloser Mütter lange, meist ein Leben lang daran, die bittere Wahrheit zu akzeptieren. Hoffnung ist an sich etwas Positives, denn sie trägt dazu bei, die Kräfte zu mobilisieren, um doch noch das zu erreichen, was man sich so sehnlich wünscht. Oder sie hilft, das Warten darauf erträglich zu machen. In diesem Fall aber verleitet sie nur dazu, an einer unerfüllbaren Vision festzuhalten, und hindert daran, das zu tun, was jetzt zu tun wäre: sich mit der eigenen Lebensgeschichte zu versöhnen und dankbar für das zu sein, was man bekommen hat.
Eva Tillmetz (2000) sagt über die Ablösung von den Eltern im Rahmen der Familienaufstellung: »*Wir werden nicht glücklich, wenn wir immer noch darauf hoffen, von den Eltern das zu kriegen, was wir früher einmal gebraucht hätten. Wir sind jetzt erwachsen, und wenn wir das, was wir bekommen haben – und das ist trotz allem eine ganze Menge! –, wertschätzen können, dann steht uns die Zukunft offen.*« (S. 131)
Dieses Akzeptieren wird ein Gefühl der Trauer auslösen, denn es bedeutet einen Abschied. Nicht unbedingt einen Abschied von der Mutter, sondern von einem Mutterbild, einer Hoffnung, die jahrzehntelang gepflegt wurde, die aber nie der Realität entsprochen hat.
Ob Sie sich als Betroffene(r) nach der Loslösung vom Mutterbild auch von der realen Mutter trennen, steht auf einem anderen Blatt. Sie könnten sich sagen, dass Sie mit der Person, die Ihnen so viel Leid zugefügt hat, nichts mehr zu tun haben wollen, um weitere Verletzungen zu vermeiden. Sie könnten aber auch – durchaus im Bewusstsein dieser Wunden – sagen: »Du hast mir nicht gegeben, was ich gebraucht hätte, aber du hast dennoch viel für mich getan. Du hast mir das Leben gegeben, dafür danke ich dir.« Wichtig wäre, dass Sie sich in dieser Entscheidung völlig frei fühlen. Frei von Bitterkeit, frei von Schuldgefühlen und frei von Hoffnung.

Ich bin liebenswert

Die Unfähigkeit der Mutter, das Kind liebevoll anzunehmen, hinterlässt auf dessen Seele ein Mal: das Gefühl, nicht liebenswert zu sein. Und je länger das Kind die Liebe dort sucht, wo es sie bestimmt nicht bekommen kann, desto mehr setzt sich diese Überzeugung fest. Aber das wäre ja noch schöner, die Schuld dafür, nicht geliebt zu werden, auch noch dem Kind zuzuschieben, so nach dem Motto: Wärst du anders (z. B. ein Sohn), dann wärst du geliebt worden. Es soll keine Schuldzuweisung erfolgen, weder nach der einen noch nach der anderen Seite, aber eine Klarstellung ist notwendig: Der Grund dafür, dass das Kind nicht so geliebt wird, wie es das brauchen würde, liegt nicht darin, dass es dieser Liebe nicht wert wäre, sondern in der Unfähigkeit der Mutter, diese Liebe zu geben.

Der zweite wichtige Schritt besteht also darin, zu lernen, sich selbst zu lieben und zu wissen, dass man liebenswert ist. Nehmen Sie dazu einen Perspektivenwechsel vor und suchen Sie die Liebe nicht mehr dort, wo Sie sie bestimmt nicht bekommen, sondern gehen Sie auf die Menschen zu, die Ihnen positive Gefühle entgegenbringen. Vielleicht haben Sie vor lauter Suchen an der falschen Stelle übersehen, dass Ihnen von anderer Seite viel Zuneigung, vielleicht sogar Liebe entgegengebracht wird. Möglicherweise hat Sie das tief eingegrabene Verhaltensmuster des vergeblichen Suchens nach der Liebe der Mutter unfähig gemacht, Zuneigung anzunehmen. Vielleicht haben Sie daher ein tiefes Misstrauen gegenüber Gefühlen.

Kinder einer lieblosen Mutter haben immer versucht, sich die Liebe durch Anstrengung zu »verdienen«. Diese unselige Verbindung von Liebe (oder einem anderen positiven Gefühl) und Anstrengung beinhaltet zwei Missverständnisse. Das eine: Liebe *müsse* man sich verdienen. Ein Gefühl, das einem ohne besondere Anstrengung geschenkt wird, sei nichts wert und könne nicht echt sein. Und das andere Missverständnis: Liebe *könne* man sich verdienen, indem man sich besonders anstrengt. Und wenn man das täte, hätte man Anspruch auf diese Liebe. Zwei Missverständnisse, die in Partnerbeziehungen schon viel Unheil angerichtet haben. Das soll nicht heißen, dass man sich um eine Beziehung nicht bemühen soll, sondern dass ein Gefühl der Liebe, der Zuneigung oder auch nur der Sympathie letztlich ein Geschenk ist.

Bei der Lösung vom unrealistischen Mutterbild und beim Umgang mit den dabei auftretenden Gefühlen der Trauer, der Bitterkeit oder der Schuld kann eine Familienskulptur oder Familienaufstellung von großer Hilfe sein.

Für den Lernprozess, sich selbst zu lieben, gibt es in mehreren Therapieformen passende Methoden, wie z. B. im Psychodrama, in der Transaktionsanalyse, in der Gestalttherapie und in der Hypnotherapie. Die letztere Therapieform bietet die Möglichkeit, in einen Kindheitszustand zurückzukehren (Altersregression) und eine Neukonstruktion der Vergangenheit vorzunehmen. Aber vielleicht kann schon ein einfacher Dialog mit dem kleinen Kind in Ihnen dazu führen, dass Sie sich mit der Vergangenheit versöhnen. Howard Halpern (1988, S. 114) führt eine solche Übung an, die dabei helfen kann, die eigenen inneren fürsorglichen Eltern zu entwickeln:

»Denk an eine Fotografie von dir selbst als Kind. Stell dir das Kind, das du auf dem Foto bist, in einer Ecke des Raumes vor. Versetz dich selbst in dieses Kind, damit du fühlen kannst, was es fühlt, und damit du weißt, was es braucht. Dann geh hinüber, hol dir das Kind und setz es auf deinen Schoß und erzähl ihm alles, was das kleine Kind deiner Meinung nach hören will und hören muss.«

Halpern sagt weiter: *»Es handelt sich hier um eine zweite Elternschaft. Lass dich selbst dir eine Mutter oder ein Vater sein, die liebevoller sind, als es deine eigenen Eltern waren.«*

Danke …

Auf dem langen Weg bis zum Vorliegen dieses Buches haben mich viele Menschen begleitet und unterstützt, denen ich herzlich danken möchte, die ich aber nicht alle namentlich nennen kann, wie es ihnen zustünde.
Ein paar Ausnahmen möchte ich doch machen:
Da ist einmal Herfried Marketz, der von Anfang an bei dem Projekt dabei war und mich ermutigt hat. Und Gunter Iberer, der mir nach dem Durchlesen des Manuskripts wertvolle Hinweise gegeben hat.
Mein guter Geist, der in langen Gesprächen mit kritischen Fragen, fachlichen Inputs und dem Einbringen der weiblichen Sicht viel zum Gelingen des Projektes beigetragen hat, ist Herta Scheucher.
Ein riesiges Dankeschön geht auch an meinen Lektor Thomas Zauner, der mich mit meinem »Kind« so liebe- und verständnisvoll angenommen hat.
Mein besonderer Dank gilt aber denen, die mir ihre Mutterbeziehung anvertraut und damit erst das Buch möglich gemacht haben. Es ist mir ein Anliegen, dies mit der Nennung der Vornamen zu dokumentieren. Die Namen der Personen, die im Text zitiert werden, sind hervorgehoben, die mit * bezeichneten Namen wurden geändert.

Andrea, Anette, **Angela***, Angelika, Arnold, Barbara C., Barbara J., Birgit, Brigitte F., Brigitte S., Christian, Christiane, Claudia, Eva, Franz, **Franziska***, Gerhild, Gundi, **Hans***, Heidrun, **Helga***, Helga S. M., **Herfried**, Herta, Herwig, Ingrid, Iris, **Johannes***, Jörg, **Karin***, **Kris**, **Linde**, **Manfred***, Margret, **Michaela***, Monika M., Monika W., **Petra***, Petra W., Ria, Renate, **Richard***, Rudolf, Silke, Sonja, Ursula, Viktoria, **Xaver***, **Susanne***, Sylvia.

Literaturliste

BABCOCK, D. E. und T. D. KEEPERS (1980): Miteinander wachsen. Transaktionsanalyse für Eltern und Erzieher. Chr. Kaiser Verlag, München

BADINTER, E. (1984): Die Mutterliebe. Geschichte eines Gefühls vom 17. Jahrhundert bis heute. Deutscher Taschenbuch Verlag, München

BATESON, G. (1994): Ökologie des Geistes. Anthropologische, psychologische, biologische und epistemologische Perspektiven. 5. Aufl., Suhrkamp Verlag, Frankfurt am Main

BENARD, Ch. und E. SCHLAFFER (1994 / 5. Aufl. 2000): Mütter machen Männer. Wie Söhne erwachsen werden. Wilhelm Heyne Verlag, München

BERNE, E. (1967 / Neuausg. 2002): Spiele der Erwachsenen. Psychologie der menschlichen Beziehungen. Rowohlt Taschenbuch Verlag, Reinbek bei Hamburg

BERNE, E. (2001): Die Transaktions-Analyse in der Psychotherapie. Eine systematische Individual- und Sozial-Psychiatrie. Junfermann Verlag, Paderborn

BISCHOF-KÖHLER, D. (2002): Von Natur aus anders. Die Psychologie der Geschlechtsunterschiede. Kohlhammer, Stuttgart, Berlin, Köln

BLÖSCHL, L. (1969 / 4. Aufl. 1974): Grundlagen und Methoden der Verhaltenstherapie. Verlag Hans Huber, Bern, Stuttgart, Wien

BOWLBY, J. (1976): Trennung. Psychische Schäden als Folge der Trennung von Mutter und Kind. Kindler Verlag, München

BOWLBY, J. (1984): Bindung. Eine Analyse der Mutter-Kind-Beziehung. Fischer Taschenbuch Verlag, Frankfurt am Main

CHODOROW, N. (1986): Das Erbe der Mütter. Psychoanalyse und Soziologie der Geschlechter. Verlag Frauenoffensive, München

CHOPICH, E. J. und M. PAUL (1998): Aussöhnung mit dem inneren Kind. Ullstein Buchverlag, Berlin

DEUTSCH-STIX, G. und H. M. JANIK (1993): Hauptberuflich Vater. Paare brechen mit Traditionen. Verlag für Gesellschaftskritik, Wien

FITCH, J. (2002): Weißer Oleander. Verlagsgruppe Lübbe, Bergisch Gladbach

FRANK, B. (1979): Ich schau in den Spiegel und sehe meine Mutter. Gesprächsprotokolle mit Töchtern. Hoffmann und Campe Verlag, Hamburg

FREY, D. und M. IRLE (Hrsg.) (2002): Theorien der Sozialpsychologie. Band III, Motivations-, Selbst- und Informationsverarbeitungstheorien. Verlag Hans Huber, Bern

FROHNHAUS, G. (1994): Feminismus und Mutterschaft. Eine Analyse theoretischer Konzepte und der Mütterbewegung in Deutschland. Deutscher Studien Verlag, Weinheim

FROMM, E. (1956 / 58. Aufl. 2000): Die Kunst des Liebens. (Neuausgabe) Econ Taschenbuch Verlag, München

FÜLLER, I. und T. BASTIAN (2002): Wie behandle ich meinen Arzt? Ein Leitfaden für mündige Patienten. Kiepenheuer & Witsch, Köln

HALPERN, H. (1988): Abschied von den Eltern. Eine Anleitung für Erwachsene, die Beziehung zu den Eltern zu normalisieren. Iskopress, Salzhausen

HAMMER, S. (1978): Töchter und Mütter. Über die Schwierigkeiten einer Beziehung. Fischer Taschenbuch Verlag, Frankfurt am Main
HECKHAUSEN, H. (1980 / 2. Aufl. 1989): Motivation und Handeln. Springer Verlag, Berlin, Heidelberg, New York
HELLINGER, B. (2002): Zweierlei Glück. Konzept und Praxis der systemischen Psychotherapie. Herausgegeben von G. Weber. Carl-Auer-Systeme Verlag, Heidelberg
JACKSON, R. (1995): Mütter, die ihre Kinder verlassen – alles Rabenmütter? Europaverlag, Wien, München
JELINEK, E. (1983 / 25. Aufl. 2002): Die Klavierspielerin. Rowohlt Taschenbuch Verlag, Reinbek bei Hamburg
KAST, V. (1994): Vater-Töchter Mutter-Söhne. Wege zur eigenen Identität aus Vater- und Mutterkomplexen. Kreuz Verlag, Stuttgart
KOHUT, H. (1973): Narzißmus. Eine Theorie der psychoanalytischen Behandlung narzißtischer Persönlichkeitsstörungen. Suhrkamp Verlag, Frankfurt am Main
KOROTIN, I. E. (1992): Am Muttergeist soll die Welt genesen. Philosophische Dispositionen zum Frauenbild im Nationalsozialismus. Böhlau Verlag, Wien, Köln, Weimar
MILLER, A. (1979): Das Drama des begabten Kindes und die Suche nach dem wahren Selbst. Suhrkamp Taschenbuch Verlag, Frankfurt am Main
MILLER, A. (1983): Am Anfang war Erziehung. Suhrkamp Verlag, Frankfurt am Main
ONKEN; J. (1993): Vatermänner. Ein Bericht über die Vater-Tochter-Beziehung und ihren Einfluß auf die Partnerschaft. Verlag C. H. Beck, München
ROTH, G. (2001): Fühlen, Denken, Handeln. Wie das Gehirn unser Verhalten steuert. Suhrkamp Verlag, Frankfurt am Main
RUTTER, M. (1978): Bindung und Trennung in der frühen Kindheit. Forschungsergebnisse zur Mutterdeprivation. Juventa Verlag, München
SCHACHINGER, H. E. (2002): Das Selbst, die Selbsterkenntnis und das Gefühl für den eigenen Wert. Einführung und Überblick. Verlag Hans Huber, Bern
SCHENK, H. (1996): Wieviel Mutter braucht der Mensch? Der Mythos von der guten Mutter. Verlag Kiepenheuer & Witsch, Köln
SCHLEGEL, L. (1979): Grundriss der Tiefenpsychologie unter besonderer Berücksichtigung der Neurosenlehre und Psychotherapie. Band V, Die Transaktionsanalyse nach Eric Berne und seinen Schülern. Francke Verlag, München
SCHNEIDER, K. und H.-D. SCHMALT (1981 / 2. Aufl. 1994): Motivation. Verlag W. Kohlhammer, Stuttgart, Berlin, Köln
STATISTIK AUSTRIA (2002): Geschlechtsspezifische Disparitäten, Wien
STEINBRECHER, S. (1991): Die Vaterfalle. Die Macht der Väter über die Gefühle der Töchter. Rowohlt Taschenbuch Verlag, Reinbek bei Hamburg
STIERLIN, H. (1980): Eltern und Kinder. Das Drama der Trennung und Versöhnung im Jugendalter. Suhrkamp Verlag, Frankfurt am Main
STIERLIN, H. (1982): Delegation und Familie. Beiträge zum Heidelberger familiendynamischen Konzept. Suhrkamp Verlag, Frankfurt am Main
TILLMETZ, E. (2000): Familienaufstellungen. Sich selbst verstehen – die eigenen Wurzeln entdecken. Kreuz Verlag, Zürich

ULSAMER, B. (1999): Ohne Wurzeln keine Flügel. Die systemische Therapie von Bert Hellinger. Wilhelm Goldmann Verlag, München

WATZLAWICK, P., J. H. WEAKLAND und R. FISCH (1984): Lösungen. Zur Theorie und Praxis menschlichen Wandels. Verlag Hans Huber, Bern, Stuttgart, Wien

WATZLAWICK, P. und J. H. WEAKLAND (Hrsg.) (1990): Interaktion. Menschliche Probleme und Familientherapie. Verlag Hans Huber, Bern

WEBER, G. (Hrsg.) (1998): Praxis des Familienstellens. Beiträge zu systemischen Lösungen nach Bert Hellinger. Carl-Auer-Systeme Verlag, Heidelberg

WEIGEL, U. (2001): Mütter im dritten Viertel ihres Lebens. Rainer Hampp Verlag, München und Mering

WEINGARTEN, S. und M. WELLERSHOFF (1999): Die widerspenstigen Töchter. Für eine neue Frauenbewegung. Kiepenheuer & Witsch, Köln

WEIZENBAUM, J. (1978): Die Macht der Computer und die Ohnmacht der Vernunft. Suhrkamp-Taschenbuch Wissenschaft 274, Frankfurt am Main

WILLI, J. (1975): Die Zweierbeziehung. Spannungsursachen – Störungsmuster – Klärungsprozesse – Lösungsmodelle. Analyse des unbewussten Zusammenspiels in Partnerwahl und Paarkonflikt: das Kollusionskonzept. Verlag Rowohlt, Reinbek bei Hamburg